Erich Sondheim

Knoten
Spleißen
Takeln

Delius Klasing Verlag

Die Deutsche Bibliothek – CIP-Einheitsaufnahme

Sondheim, Erich:
Knoten, Spleißen, Takeln / Erich Sondheim. – 20. Aufl. –
Bielefeld: Delius Klasing, 2001
(Yacht-Bücherei; Bd. 9)
ISBN 3-87412-171-2

20. Auflage
ISBN 3-87412-171-2
© by Delius Klasing Verlag GmbH, Bielefeld

Zeichnungen: John Bassiner
Druck: Kunst- und Werbedruck, Bad Oeynhausen
Printed in Germany 2001

Delius Klasing Verlag, Siekerwall 21, D-33602 Bielefeld
Tel.: 0521/559-0, Fax: 0521/559-113
e-mail: info@delius-klasing.de
www.delius-klasing.de

Inhalt

Vorwort

Das Tauwerk ist ein Stück Handwerkszeug des Seemannes und Seglers. Der fachgerechte Umgang damit ist ein wesentlicher Bestandteil des seglerischen Stils, der den Sportsmann vom Sonntagssegler unterscheidet. Und er ist zugleich ein wesentlicher Bestandteil jener technischen Fertigkeiten, die für die Sicherheit von Boot und Besatzung unerlässlich sind: Ein Knoten, der sich im entscheidenden Moment löst, ist ebenso unangenehm oder gefährlich wie ein belegtes Ende, das sich im Augenblick des Manövers oder einer Gefahr trotz aller Bemühungen nicht schnell genug loswerfen lässt.

Die seemännischen Knoten, Steke, Spleiße und sonstigen Takelarbeiten sind ein Produkt tausendjähriger Erfahrungen der Seefahrt. Sie halten, wenn sie halten sollen, Knoten und Steke lassen sich lösen, wenn sie ihren Zweck erfüllt haben. Dabei sind sie, wie alles, was eine ausgereifte Entwicklung hinter sich hat, von verblüffender Einfachheit, Zweckmäßigkeit und sogar Schönheit.

Als dieses Buch entstand, waren die meisten Sportboote aus Holz, das laufende Gut aus Naturfasern. Heute werden dafür fast ausschließlich Kunststoffe beziehungsweise Kunstfasern verwendet. Man mag das auf der einen Seite bedauern – auf der anderen Seite wird man die Vorteile der modernen Materialien kaum mehr missen wollen. Das erfordert aber eine Anpassung an die Eigenheiten der neuen Stoffe. Vor allem verlangt Tauwerk aus Kunstfasern seiner Glätte wegen besondere Sicherungen, wenn die Tampen nicht aus Spleiß und Knoten herausslippen sollen. Dem ist be den Arbeitsanleitungen Rechnung getragen, wobei allerdings oft empfohlene Wege, die dem »Geist« der seemännischen Knoten zuwiderlaufen, vermieden wurden – wie etwa das Sichern eines Tampens durch vorübergehendes Durchstecken unter einem Kardeel der festen Part oder gar das Umkehren des Drehsinnes während des Schlagens eines Knotens. Gleichwohl wird der Segler für jeden Fall und für jedes Material die richtige und ausreichende Anleitung finden.

Das Erlernen dieser Handfertigkeiten ist Winterarbeit. Man braucht für Knoten und Steke geflochtenes oder geschlagenes, für die Spleiße aber nur geschlagenes Tauwerk von 8 bis 10 mm Durchmesser und für die Takelarbeiten eine Rolle Takelgarn (»Bindfaden«). Und die Devise für sicheres Beherrschen aller Knoten, Steke und Spleiße lautet: üben, üben, üben beim Spleißen, bis einem die Finger weh tun, und bei allen Knoten so lange, bis man sie »mit zu'nen Augen hinter dem Rücken« kann! Man wird erstaunt sein, mit wieviel größerer Freude und Sicherheit man sich im Sommer an Bord bewegt, wenn jeder Knoten ohne Überlegen am richtigen Platz sitzt, jedes Fall richtig belegt ist und wenn kein »Chinesischer Wuhlingstek« mehr das Leben sauer macht.

Der Verlag

Seemännische Begriffe

Tauwerk   Der Begriff Tauwerk umfasst alle Materialien, also auch Drahttauwerk.

Tau   Das Wort Tau wird im Allgemeinen nur in Zusammensetzungen gebraucht, wie Tauwerk, Jolltau, Strecktau usw. Sonst heißt ein »Tau« *Ende*. »Stricke«, »Seile«, »Schnur« usw. gibt es in der seemännischen Sprache nicht.

Trossen   Sehr starke Enden sind Trossen.

Leinen
Bändselgut
Takelgarn
Segelgarn   Sehr schwache Enden sind Leinen oder Bändselgut. Was an Land als »Bindfaden« bezeichnet wird, ist Takelgarn, was man an Land »Nähfaden« nennt, ist Sege garn.

Ende
Tampen   Das Ende eines Endes ist nicht das »Tauende«, sondern der Tampen. Ein kurzes Ende, das nirgends fest ist, wird auch im Ganzen Tampen genannt.

Stander
Stert   Ein kurzes, zu einem bestimmten Zweck abgepasstes Ende ist ein Stander. Ist es mit einem seiner Tampen fest, so ist es ein Stert.

Parten   Die Teile eines Endes, die zwischen zwei Punkten liegen, an denen das Ende seine Richtung ändert, sind seine Parten (Einzahl: die Part).
Feste oder *stehende Part:* die Part, die fest ist.
Lose Part: die Part, die nicht fest ist. Bei Taljeläufern heißt sie holende Part.

Gut   Das gesamte zur Schiffsausrüstung gehörende Tauwerk ist
              das Gut.
              Stehendes Gut: Wanten, Stage usw., also Gut, das unbeweg-
              lich ist.
              Laufendes Gut: Schoten, Dirken usw., also Gut, das bewegt
              wird.

Bucht   Wird ein Ende in Haarnadelform gelegt, so entsteht eine Bucht
              (Abb. 1).

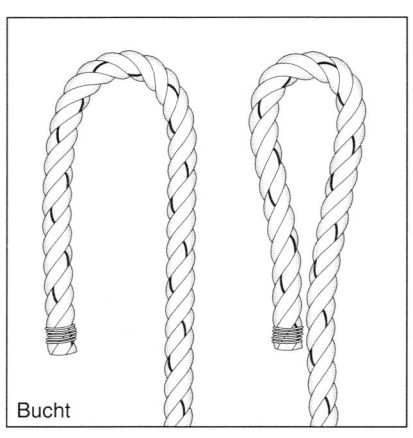

Bucht

Abb. 1

Auge

Abb. 2

Auge   Wird ein Ende so gelegt, dass es sich selbst überschneidet, so
              entsteht ein Auge (Abb. 2).
              Unfreiwillig entstehende Augen heißen *Kinken* (Einzahl: die
              Kinke) und machen das Ende unklar.

Rundtörn   Beschreibt ein Ende einen vollen Kreis um einen Gegenstand, so ist dies ein Rundtörn (Abb. 3).

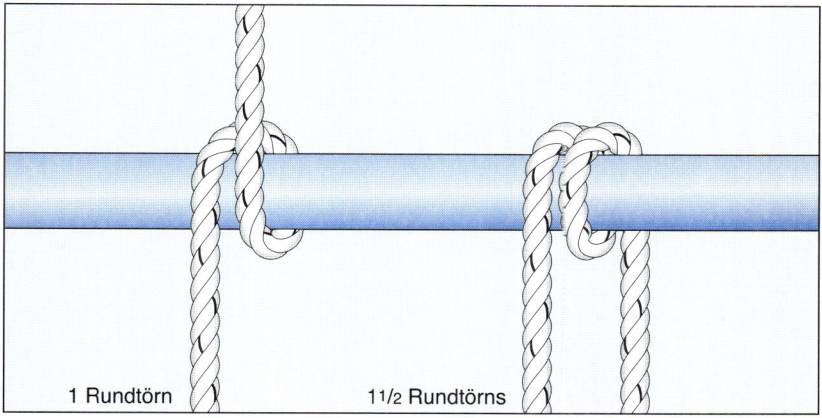

1 Rundtörn   1¹/2 Rundtörns

Abb. 3

Knoten   Verschlingt man zwei oder mehr Parten eines oder mehrerer Enden so mit einander, dass sie sich gegenseitig bekneifen und nicht von selbst lösen, so entsteht ein Knoten.

Stek   Verschlingt man zwei oder mehr Parten eines oder mehrerer Enden so um einen Gegenstand (z. B. einen Pfahl, eine Pütz oder auch einen anderen Teil des Endes selbst), dass sie sich nicht zu einem Knoten zusammenziehen können, so entsteht ein Stek.

Tauwerk

Das Material

Naturfasertauwerk

Hanf   Faser aus dem Stengel der Hanfpflanze (Cannabis) Vorkomen: Italien, Amerika, Russland, auch Deutschland. Fasern 1-2 m lang.

Manila   Faser aus dem Stamm einer wilden Bananenart (Musa). Vorkommen: Philippinen, Antillen, Neuseeland. Fasern von 2 m Länge und mehr.

Sisal   Fasern aus den Blättern einer Agavenart (Agava). Vorkommen: Mexiko, Ostafrika. Die Fasern sind kürzer und härter als die von Hanf und kürzer als die von Manila; das Tauwerk aus Sisal ist infolgedessen rau und wenig lehnig; es ist nicht angenehm zu handhaben.

Kokos   Faser aus der Schale der Kokosnuss. Vorkommen: tropische Küsten. Die Fasern sind kurz und struppig, jedoch weich und sehr leicht, sodass Kokostauwerk schwimmt.

Baumwolle   Samenhaare der Baumwollstaude (Gossypium). Vorkommen: Vereinigte Staaten, Ägypten. Faserlänge 2–5 cm. Sehr lehnig, aber reckt stark.

Kunstfasertauwerk

Kunstfasertauwerk hat gegenüber Naturfasertauwerk viele Vorzüge: Es ist verrottungsfest und altert wenig. Es hat eine hohe Reißfestigkeit, ein geringes spezifisches Gewicht und nimmt nur wenig Feuchtigkeit auf.

Es hat aber auch Nachteile: Es ist nicht sehr griffig, verliert an Festigkeit durch Wärme, Reibung und UV-Strahlung, und es ist empfirdlich gegen Schamfilen. Garnrohstoffe sind Polyamid (PA), Polypropylen (PP), Polyethylen (PE), Polyester (PES) und Aramid (eine Kohlefaser).

Verwendung: Vorleinen, Festmacher, Schlepp- und Ankertrossen, Fallen und Schoten (je nach Art des Kunstfasertauwerks). Für Fallen und Schoten verwendet man vorgerecktes Tauwerk, das eine nur gernge Elastizität aufweist.

Drahttauwerk

Drahttauwerk für die Verstagung und als Vorläufer für Fallen, früher aus verzinktem Eisen, wird heute fast nur noch aus nichtrostendem Stahl hergestellt, aus Legierungen auf Chrom-Nickel-Basis, bekannt unter den Markenbezeichnungen V2A und V4A.

Herstellung

Tauwerk aus Natur- und Kunstfasern

Zur Herstellung von Tauwerk werden Fasern zu *Kabelgarnen* gesponnen, die Garne zu *Kardeelen* gedreht (verdrillt) und die Kardeele zu Enden geschlagen oder geflochten.

● **Geschlagenes Tauwerk**

Geschlagenes Tauwerk ist meistens dreischäftig, das heißt, es besteht aus drei Kardeelen. Es ist außerdem vorwiegend rechtsherum geschlagen. Der Rechtsschlag heißt *Z-Schlag*, der Linksschlag *S-Schlag* – vgl. Abb. S. 16.

Sind also die Fasern rechtsherum zum Garn gesponnen, die Garne linksherum zum Kardeel gedreht und die einzelnen Kardeele rechtsherum zum Ende geschlagen, hat man einen *ZSZ-Schlag*.

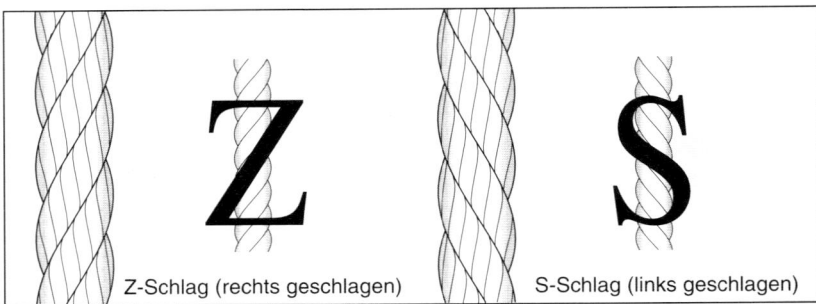

Z-Schlag (rechts geschlagen)   S-Schlag (links geschlagen)

Rechtsgeschlagenes Tauwerk erkennt man daran, dass beim Blick in Richtung der Trosse die *Keepen*, die Zwischenräume zwischen den Kardeelen, vom Betrachter aus im Uhrzeigersinn fortlaufen. Es wird von der festen Part aus rechtsherum aufgeschossen, linksgeschlagenes entsprechend linksherum.

Vierschäftiges Tauwerk wird um einen in der Mitte liegenden Strang oder ein Kardeel – die *Seele* – geschlagen.

1. *Trossenschlag* – dreikardeeliges rechtsgeschlagenes Tauwerk (ZSZ Schlag).
2. *Wantschlag* – vierkardeeliges Tauwerk. Das Garn, das die vier Kardeele umschließt, heißt Seele.
3. *Kabelschlag* – Drei dreikardeelige rechtsgeschlagene Enden werden zu einer einzigen linksgeschlagenen Trosse (ZSZS-Schlag) vereinigt, sodass man ein neunkardeeliges Tauwerk erhält.

● Geflochtenes Tauwerk

Die Kardeele werden nicht spiralisch zusammengedreht (geschlagen), sondern miteinander verflochten, wozu wesentlich mehr Kardeele benutzt werden als bei geschlagenem Tauwerk. Geflochtenes Tauwerk ist lehniger und griffiger als geschlagenes und wird hauptsächlich für Schoten genommen.

Drahttauwerk

Das Drahttauwerk wird für das stehende Gut (Wanten und Stagen) sehr fest geschlagen und als hart bezeichnet, für laufendes Gut (Fallen, Streckertaljen)

dagegen lose – weiches Drahttauwerk -, damit es biegsamer bleibt. Drahttauwerk ist bei gleichem Umfang bruchfester als Fasertauwerk, hat eine wesentlich geringere Elastizität und ist gegen Abrieb unempfindlich.
Üblich sind 7 x 7- oder 7 x 19-Drähte. Das heißt, das Tauwerk besteht aus
7 Kardeelen zu 7 oder 19 Einzeldrähten. Der 7 x 1 9-Draht ist flexibler und eig-
net sich daher besonders für das laufende Gut. Er hat aber auch eine etwas
geringere Bruchfestigkeit. Sehr steif ist ein 1 x 19-Draht – ein Kardeel mit 19
Einzeldrähten –; er hat wenig Reck und wird für stehendes Gut verwendet.
7 x 7-Draht ist bevorzugtes Material für Badestagen.
Seerelingsdraht ist mit PVC ummantelt.

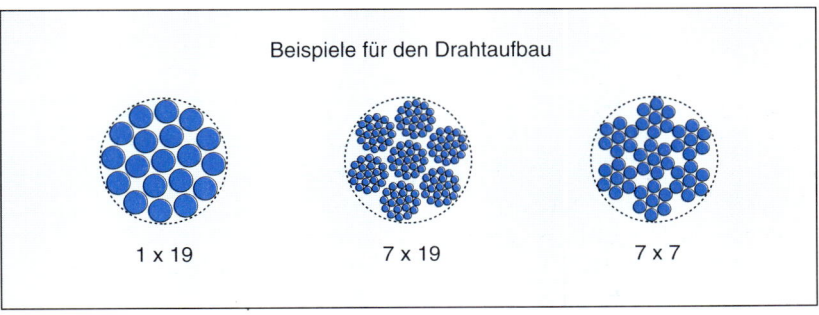

Beispiele für den Drahtaufbau

1 x 19   7 x 19   7 x 7

Drahtkonstruktionen

Drahtart	Eigenschaften	Verwendung
1 x 19 Niro	Geringer Reck, hohe Festigkeit, gutes Finish	Stehendes Gut
1 x 19 Niro Dyform	Sehr geringer Reck, hohe Festigkeit, ausreichendes Finish	Stehendes Gut
7 x 19 Niro	Lehnig, widerstandsfähig gegen Quetschung	Laufendes Gut
7 x 19 verzinkt	Sehr lehnig, widerstandsfähig gegen Quetschung	Laufendes Gut
7 x 7 Niro	Gute Festigkeit, gute Widerstandsfähigkeit gegen Quetschung, ausreichender Reck	Stehendes Gut und Backstage
7 x 7 verzinkt	Gute Festigkeit, gute Widerstandsfähigkeit gegen Quetschung, besserer Reck	Stehendes Gut und Backstage

17

Bordmittel

Folgendes Werkzeug gehört an Bord eines jeden Bootes, um die anfallenden Arbeiten an Tauwerk und Segeln ausführen zu können:

Marlspieker Der Marlspieker (Abb. 4) ist ein starker Dorn aus rostfreiem Stahl, von etwa 20 cm oder mehr Länge, mit oder ohne Holzgriff, und dient zu jeder Arbeit, wie Aufdrehen von festsitzenden Schäkelbolzen, Anheben der Kardeele beim Spleißen, Aufbrechen von Knoten und Steken, Beklopfen von Spleißen und ganz allgemein als Hebel. Marlspieker, die zum Spleißen von Drahttauwerk benutzt werden, sollen eine Hohlkehle haben (Abb. 5), in die man die einzelnen Kardeele beim Durchstecken einführen kann.

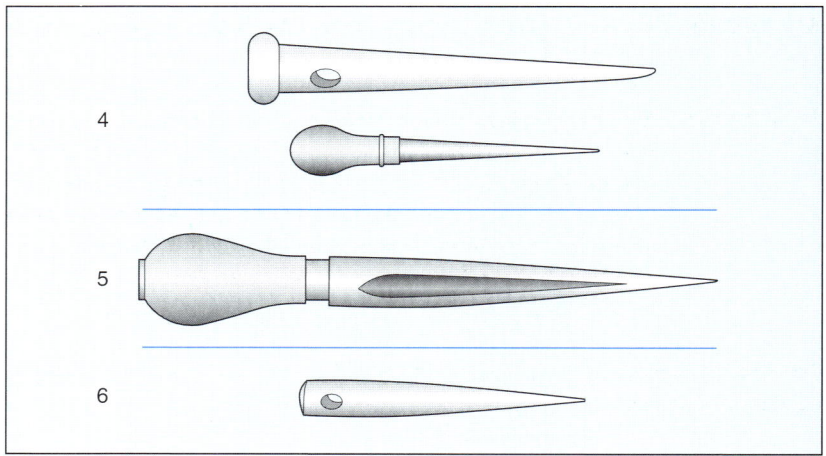

Abb. 4–6

Pricker   Der Pricker (Abb. 6) ist ein kleiner Marlspieker von etwa 10 cm Länge und dient zum Vorstechen vor Löchern, zum Spleißen von schwächerem Tauwerk und natürlich auch wieder zum Aufdrehen von Schäkeln, wenn kein Schäkelschlüssel zur Hand ist.

Bordmesser   Das Bordmesser soll eine nichtrostende, breite Klinge haben. Im Allgemeinen genügt ein Klappmesser.

Seglermesser Das Seglermesser ist ein Taschenmesser, das Bordmesser und Pricker in sich vereinigt (z. T. auch Schraubendreher und Korkenzieher). Der Pricker schnappt beim Aufklappen in eine Rast und steht fest. Diese Art von Messern löst das Problem, wie man einen Pricker mit sich führen kann, ohne sich zu verletzen, am einfachsten. Allerdings darf der Pricker nur mit Maß beansprucht werden, da sonst seine Rast beschädigt wird.

Kombizange   Die Kombinationszange ist eine kräftige Flachzange mit Backen zum Abschneiden von Draht.

Segelnadeln Segelnadeln sind dreikantige Nähnadeln oder flache, gebogene Nadeln (Sacknadeln) aus Qualitätsstahl. Die Dreikantnadeln sollen mindestens in zwei verschiedenen Größen an Bord mitgeführt werden, um Reparaturen an schwachem und starkem Segeltuch ausführen zu können. Die gebogenen Nadeln dienen zu Takelarbeiten, wie Annähen von Liektauen, Aufsetzen von Taklingen usw.

Die Beschreibung von weiterem Werkzeug befindet sich an den einschlägigen Stellen dieses Buches.

Taklinge

1. Genähter Takling (Abb. 7)
Verwendung: Auf geschlagenem Tauwerk.

(1) Klemme das zu takelnde Ende unter den linken Arm, Tampen nach rechts; lege den Tampen des Takelgarns so auf das Ende, dass er zum Tampen des Endes weist, und bekneife ihn zwischen linkem Daumen und Zeigefinger. Lege mit dem Takelgarn einige Rundtörns dicht bei dicht so um das Ende, dass sie zum Tampen hin und im gleichen Uhrzeigersinn wie die Kardeele fahren.

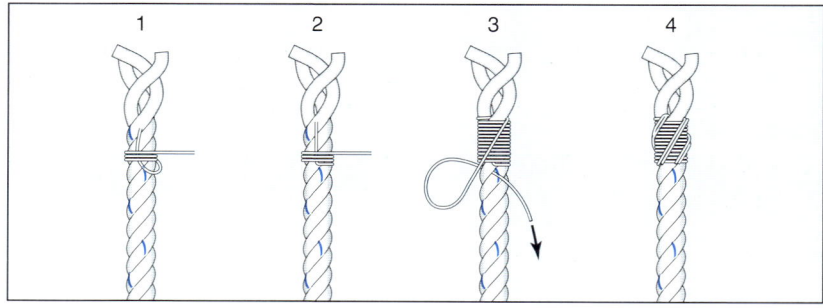

Abb. 7

(2) Hole den bisher mit dem linken Daumen bekniffenen Tampen des Takelgarns steif und lege noch so viel weitere Rundtörns, dass die gewünschte Länge des Taklings erreicht ist. Die Länge des Taklings soll etwa 2/3 des Tampendurchmessers sein; bei dünnen Leinen muss er jedoch länger werden.

(3) Fahre mit dem Takelgarn hinter einem Kardeel des Tampens hindurch und über die Rundtörns hinweg, wobei du der Keepe folgst, aus der das Takelgarn herausfährt.

(4) Fahre unter dem nächsten Kardeel hindurch (ist der Tampen zu hart, so hebe das Kardeel mit dem Marlspieker an oder »nähe« den Takling mit einer stumpfen Segelnadel); fahre dann über der Keepe, aus der das Garn fährt, zurück zum Tampen und um das nächste Kardeel. Setze dies so lange fort, bis du wieder am Anfang angekommen bist. Dann wiederhole dasselbe, bis alle Parten des Takelgarns doppelt fahren.

Der halbe Schlag...

Abb. 7 (5)

(5) Sichere das Takelgarn, indem du um den Querschlag einen *halben Schlag* legst (einmaliges Verschlingen des Garns mit sich selbst). Kappe den Tampen und drüsele die überstehenden Kardeele auf.

2. Gekreuzter Takling (Abb. 8)
Auf geflochtenem Tauwerk.

(1) Verfahre wie bei dem *genähten Takling* Nr. 1 (S. 20), Schritt (1) und (2).

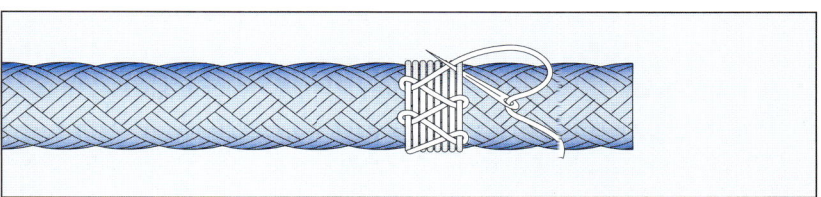

Abb. 8

(2) Nimm eine Segelnadel, umfahre die zwei letzten Törns des Takelgarns und fahre schräg über den ganzen Takling hinweg. Nun unterfahre in umgekehrter Richtung die beiden ersten Törns des Taklings, wobei du *hinter* dem zuerst gelegten Querschlag herauskommen musst, sodass der Querschlag beim Weiterarbeiten gekreuzt wird. Bei dem Unterfahren der beiden ersten und der beiden letzten Rundtörns sind jedesmal einige Fäden des Tampens mit zu erfassen, um den Takling gegen Abslippen zu sichern.

(3) Fahre so fort, bis du am Ausgangspunkt angekommen bist, und sichere das Takelgarn mit 1 oder 2 halben Schlägen (Abb.7 [5]). Kappe den Tampen und drüsele die überstehenden Kardeele auf.

3. Behelfstaklinge
Verwendung dort, wo ein Takling nur kurze Zeit auf einem Tampen bleiben soll (z. B. während des Spleißens) oder wo er keinerlei Beanspruchung ausgesetzt ist (z. B. auf Vorratstauwerk).

Behelfstakling wie in Abb. 9

(1) Verfahre wie unter Nr. 1 Schritt (1) und (2) auf S. 20 beschrieben, lege aber die Rundtörns nur bis zur Hälfte der gewünschten Taklingslänge. Dann bekneife den letzten Törn mit dem linken Daumen und lege das Takelgarn in einer langen Bucht entlang dem Ende, worauf du auch dieses bekneifst. Jetzt törne die mit dem Daumen bekniffene Part des Takelgarns weiter um das Ende, sodass die andere Part der Bucht ins Innere der Törns zu liegen kommt. Du musst also bei jedem Törn mit der rechten Hand umgreifen, weil dir die andere Part des Takelgarns im Wege ist, und du musst bei

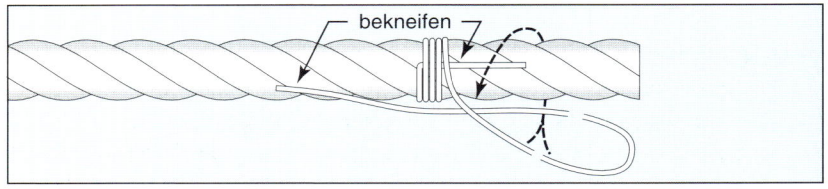

bekneifen

Abb. 9 (1)

jedem Törn die Bucht des Takelgarns einmal über den Tampen des Endes legen.

(2) Hat der Takling die gewünschte Länge, so hole die Bucht des Takelgarns an dem Garntampen, der aus der Mitte des Taklings herausfährt, durch und kappe das Garn dicht am Takling.

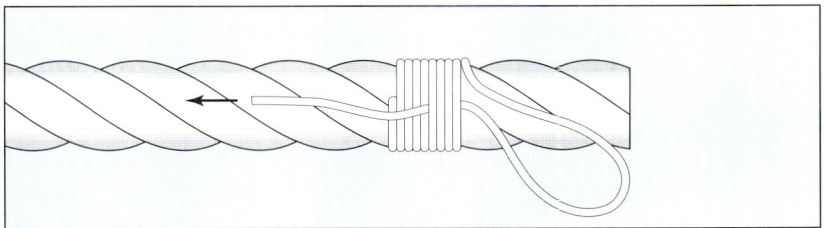

Abb. 9 (2)

Dieser Takling darf auf Gebrauchstauwerk aus Naturfaser nicht aufgesetzt werden! Er würde, wenn das Tauwerk nass wird, durch dieses gedehnt und bei der ersten Beanspruchung abgestreift werden; auch ein sehr steifes Holen des Törns könnte das Abslippen nicht verhindern, sondern nur verzögern.

Behelfstakling wie in Abb. 10

Der folgende Behelfstakling ist noch schlechter. Er sollte nur verwandt werden, wenn es nicht möglich ist, die Bucht des Takelgarns über den Tampen des Endes zu legen, wie z. B. beim Kappen von Drahttauwerk, wobei die beiden neu entstehenden Tampen schon vor dem Kappen gegen Aufspringen zu sichern sind.

(1) Lege eine genügend große Bucht des Takelgarns so auf das Ende, dass ihr Bogen zum Tampen bzw. zur Kappstelle weist – vgl. Abb. 10 (1), S. 24. Dann törne das Takelgarn zum Tampen hin um das Ende, sodass die zuerst gelegte Bucht *ins Innere* der Törns zu liegen kommt. Die Bucht muss noch über die Törns hinausragen, wenn der Behelfstakling die gewünschte Länge hat.

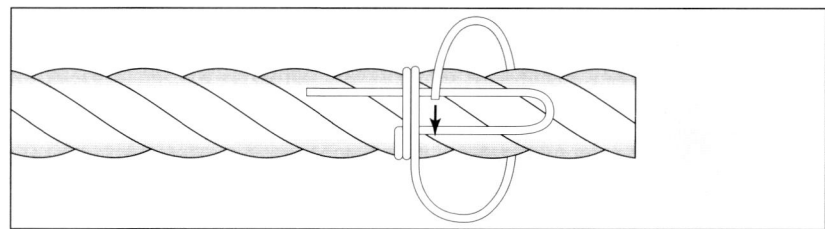

Abb. 10 (1)

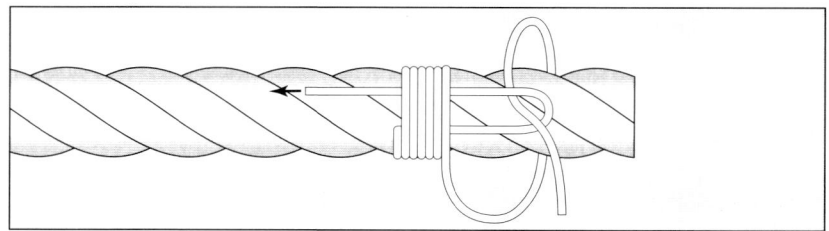

Abb. 10 (2)

(2) Kappe das Takelgarn und stecke seinen Tampen durch die Bucht; hole mit dem anderen Tampen des Takelgarns die Bucht und den gekappten Tampen ins Innere der Törns, achte aber darauf, dass du sie nur bis zur Mitte des Taklings holst und nicht weiter!

Dieser Behelfstakling hat ebenso wie der vorige den Nachteil, dass er mit der Zeit lose kommt und abslippt. Außerdem besteht die Gefahr, dass man die Bucht beim Holen ins Innere der Törns zu weit durchholt, wonach sich der Takling einfach auflöst.

Behelfstakling wie in Abb. 11
Die weitaus geringste Haltbarkeit hat der Behelfstakling, wie ihn die Reepschläger früher auf den Tampen ihrer Vorräte setzten.

Beginne den Takling wie zuvor beschrieben und lege nach einigen Törns eine beliebige Anzahl von Kopfschlägen (s. Nr. 27, Schritt 4, S. 68) über den Tampen.

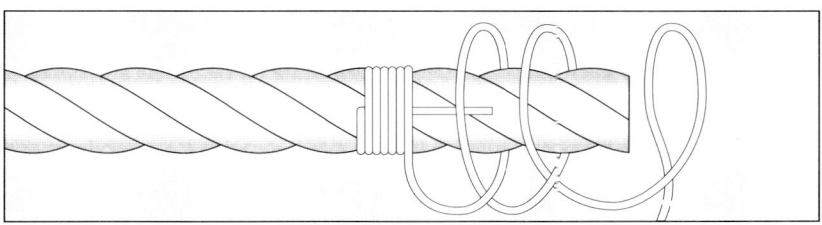

Abb. 11 3 Kopfschläge

Spanischer Takling oder Rückspleiß (s. Nr. 9, S. 37)

Tampen verschweißen
Bei Tauwerk aus Kunstfasern kann man, anstatt einen Takling aufzusetzen, den Tampen verschweißen. Bei dünnem Bändselgut, auf dem ein Takling nicht aufzubringen wäre, empfiehlt sich dies immer.
Drehe den Tampen mit seinem äußersten Ende über einem Feuerzeug, einer brennenden Kerze oder dem Propangaskocher, bis die Kardeeltampen zu schmelzen beginnen. Dann presse die Kardeele durch kurzes und schnelles Zugreifen mit Daumen und Zeigefinger (Vorsicht: heiß!) so oft zusammen, wie sich noch eine Formänderung wahrnehmen lässt, und gib ihnen bei jedem Zugreifen einen Törn in Richtung ihres Schlages. Sind die Kardeeltampen dann noch nicht zu einem festen Ganzen zusammengeflossen, so wiederhole die Behandlung, bis dies geschehen ist.
Halte den Tampen nicht niedriger als etwa 1–1$\frac{1}{2}$ cm über die Spitze der Flamme, andernfalls wird der Tampen schwarz.

Spleißen

In Tauwerk aus Natur- oder Kunstfasern

Beide Tauwerkarten werden in gleicher Weise gespleißt. Da jedoch synthetisches Tauwerk relativ weich ist, sodass der Druck der unterfahrenen Kardeele auf die durchgesteckten Kardeele nicht ausreicht, diese am Herausslippen zu hindern, empfiehlt es sich, bei synthetischem Gut nach Fertigstellung des Spleißes die Tampen der durchgesteckten Kardeele mit den unterfahrenen Kardeelen zu verschweißen, wie auf S. 25 beschrieben. Hier genügt es jedoch, die Kardeeltampen »anzuheften«; ein Zusammenfließen zu einem harten Ganzen würde die Lehnigkeit des Spleißes beeinträchtigen. Ein leichtes Verschweißen der Kabelgarne jedes einzelnen Kardeeltampens vor Beginn des Schweißens verhindert ein Aufdrüseln und erleichtert das Durchstecken.

4. Augspleiß

... im Trossenschlag (dreikardeelig) (Abb. 12)

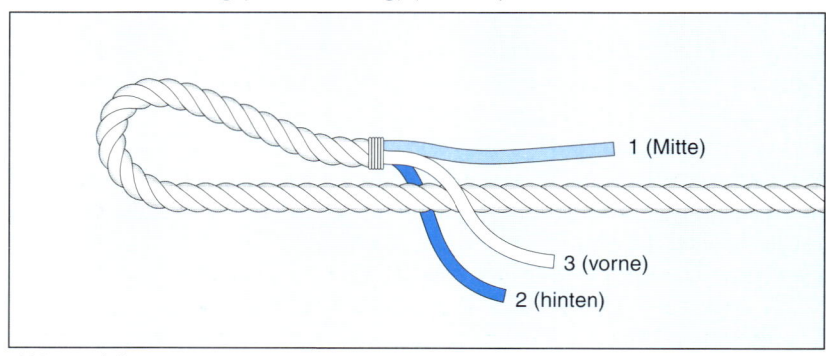

Abb. 12 (1)

(1)   Drehe den Tampen, in den das Auge gespleißt werden soll, 6 Törns auf-
      und setze dahinter einen *Behelfstakling* (s. S. 22); der Takling bleibt weg,
      wenn die notwendige Fertigkeit im Spleißen erreicht ist. Drehe den Tam-
      pen bis ganz zum Takling weiter auf und ziehe die Kardeele mit Kraft durch
      die Faust (nicht bei synthetischem Gut), bis sie ihre Törns verloren haben
      und lehnig sind.
      Nimm das Ende mit dem aufgedrehten Tampen nach links quer vor dich auf
      die Knie und lege das Auge in der gewünschten Größe. Drehe den Tampen
      so um seine Längsachse, dass das Auge hochkant steht und das Kardeel
      des aufgedrehten Tampens, das als *mittleres* aus dem Takling fährt, *auf* das
      Ende zu liegen kommt. Von dir aus gesehen, liegt dann Kardeel 1 auf dem
      Tampen, Kardeel 2 hinter dem Tampen und Kardeel 3 vor dem Tampen.

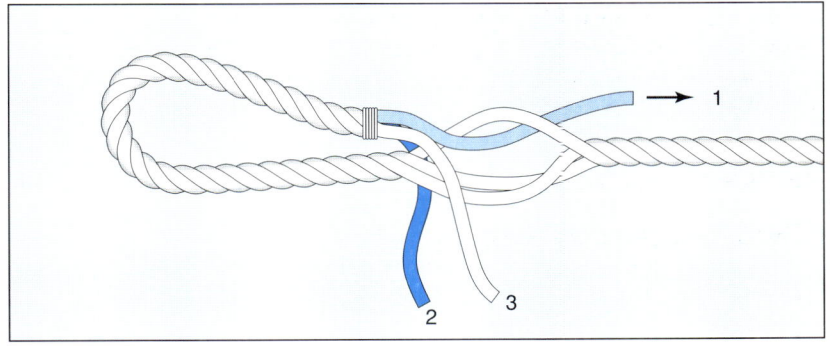

Abb. 12 (2)

(2)   Stecke das Kardeel 1 (mittleres Kardeel *auf* dem Tampen) gegen den
      Schlag, also bei rechts geschlagenem Tauwerk von dir weg, unter dem pas-
      senden Kardeel des Endes hindurch.

(3)   Drehe das Ende wieder um seine Längsachse auf dich zu, bis das Auge
      waagerecht liegt, und stecke das oben liegende Kardeel 2 unter dem
      nächsten Kardeel des Endes durch, also in die Keepe hinein, aus der Kar-
      deel 1 herauskommt (Abb. S. 28). Drehe das Ende weiter und stecke Kar-

deel 3 unter dem Kardeel des Endes hindurch, das du bis jetzt noch nicht unterfahren hast, also in die Keepe hinein, aus der das zuletzt durchgesteckte Kardeel 2 herauskommt, und aus der Keepe heraus, in die Kardeel 1 hineingefahren ist.

Kontrolliere, ob aus jeder Keepe des Endes ein Kardeel des Tampens herauskommt!

Entferne den Takling und hole die durchgesteckten Kardeele reihum und rechtwinklig zu den Keepen vorsichtig steif.

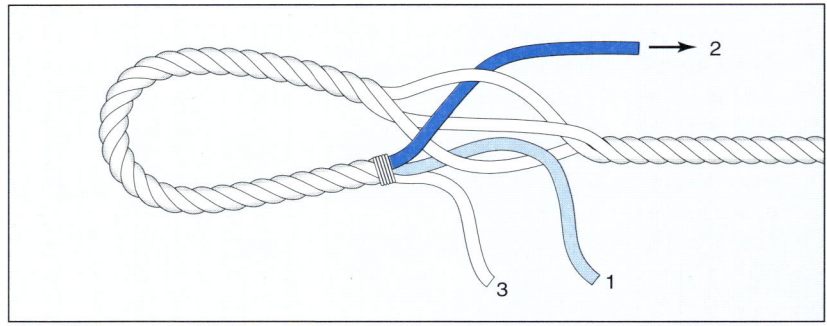

Abb. 12 (3)

Beachte: Jedes Kardeel nur wenig holen, dann zum nächsten Kardeel! Dies so lange fortsetzen, bis alle Kardeele durchgeholt sind. Würde jedes Kardeel oder auch nur eines von ihnen in einem Pull ganz durchgeholt, so müssten sich die Kardeele im Auge auftörnen. Auch ein zu steifes Durchholen der Kardeele hat ihr Auftörnen im Auge zur Folge. Bei synthetischem Gut besonders sorgfältig durchholen!

Werden die Kardeele nicht rechtwinklig zu den Keepen, sondern rechtwinklig zum Ende oder gar in Richtung zum Auge geholt, so wird der Spleiß zu dick, und das weitere Durchstecken wird unmöglich; außerdem slippen die gekappten Kardeeltampen später aus den Keepen, da die Kardeele sich von selbst in ihre natürliche Lage zurückbewegen.

Werden die Kardeele vom Auge weg in Richtung des Endes durchgeholt, so wird der Spleiß zu lang, und die Kardeele fügen sich ebenfalls nicht in den Spleiß. *Also rechtwinklig zu den Kardeelen holen!*

(4) Fahre mit einem beliebigen Kardeel des Tampens über das *nächste* Kardeel des Endes, also weg von dir, und unter dem übernächsten hindurch. Drehe das Ende weiter auf dich zu und verfahre mit dem nächsten von dir weggelegenen Kardeel des Tampens genauso, und ebenso mit dem letzten.

Kontrolliere: Aus jeder Keep muss ein Kardeel herausfahren!

Hole die Kardeele wieder steif und verfahre dann genauso zum dritten Mal. Kontrolliere wieder, ob aus jeder Keepe ein Kardeel fährt, und hole sie wieder steif. Dann rolle den Spleiß zwischen den Handflächen (bei starkem Gut mit Fuß an Deck oder auf dem Boden), damit sich die Kardeele schön ineinanderfügen, und kappe, was von den Kardeelen übersteht.

(5) **Das Verjüngen**

Soll der Spleiß besonders gut aussehen, so *verjünge* die Kardeele: Nach dem *zweiten* Durchstecken drüselst du aus jedem Kardeel ein Drittel der Kabelgarne heraus und kappst sie dicht am Ende. Dann steckst du jedes Restkardeel einmal durch, wie zuvor beschrieben, und achtest darauf, dass die gekappten Kabelgarne in die Keepe zu liegen kommen und durch das Restkardeel bedeckt werden.

Nun halbierst du die Restkardeele und steckst das letzte Drittel ebenso einmal durch. Dann rollst du den Spleiß und kappst die überstehenden Kardeeltampen.

... im Wantschlag (vierkardeelig) (Abb. 13, S. 30)

Der Augspleiß im Wantschlag unterscheidet sich von dem im Trossenschlag nur beim ersten Durchstecken.

Wenn du das Auge hochkant stellst (S. 27, Schritt 1), so legst du die beiden mittleren Kardeele des Tampens *nebeneinander* auf das Ende. Dann fährst du mit den beiden mittleren Kardeelen in die passende Keepe des Endes und kommst mit dem zu dir liegenden Kardeel 1 hinter dem ersten unterfahrenen Kardeel des Endes heraus, mit dem Kardeel 2 nach dem zweiten, also dem übernächsten; beide Kardeele fahren also in dieselbe Keepe, Kardeel 1 unterfährt aber nur 1 Kardeel, Kardeel 2 dagegen 2 Kardeele.

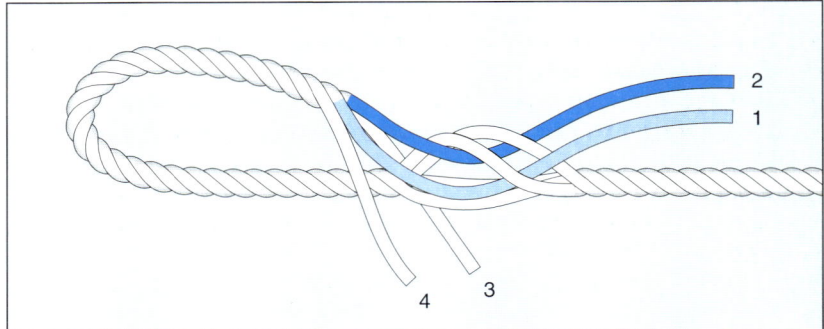

Abb. 13

Kardeel 3 fährt in die Keepe, aus der Kardeel 2 herauskommt, und das Spleißen geht genauso weiter wie auf S. 26ff. unter *Trossenschlag* beschrieben.

5. Einspleißen einer Kausch

Prüfe zunächst, ob die Kausch die dem Durchmesser des Endes entsprechende
Größe hat. Das Ende darf in der Keepe der Kausch keine Luft haben, aber auch
nicht seitlich über die Kauschränder hinausragen, da sonst der Schäkel schamfilen und die Kabelgarne zerstören würde.

(1)   Drehe den Tampen auf und setze einen Takling, wie beim *Augspleiß*
      (S. 26/27, Schritt 1) beschrieben; dann lege den Tampen so um die Kausch,
      dass der Takling von der Stelle des ersten Durchsteckens so weit entfernt
      ist, dass das Auge beim Durchholen der Kardeele noch kräftig gereckt wer-
      den kann; andernfalls würde sich das Auge erst recken, wenn Kraft auf das
      Ende zu stehen kommt, und die Kausch würde dann herausfallen. Merke
      dir die Stelle, an der das erste Kardeel durchgesteckt werden soll, und lege
      die Kausch beiseite.
(2)   Stecke jedes Kardeel an der vorgesehenen Stelle einmal durch, wie beim
      Augspleiß (S. 26ff.) beschrieben, lege die Kausch in das Auge und hole
      die Kardeele mit viel Kraft vollkommen steif. Kontrolliere: Das Auge muss

um den ganzen Umfang der Kausch (also auch an der Spitze einer Herz-kausch) vollkommen fest anliegen! Ist das nicht der Fall, so ist das Auge zu groß, das heißt, du hast zu weit vom Tampen entfernt durchgesteckt und musst noch einmal von vorne anfangen. Der Versuch, das Auge zu verklei-nern, indem du die Kardeele rechtwinklig zum Ende oder gar zum Auge hin holst (anstatt rechtwinklig zu den Keepen!), wäre vergeblich, denn du würdest das Ende dabei vertörnen, und sowohl das Ende als auch die Kar-deele würden in dieser unnatürlichen Lage schnell nachgeben und sich doch wieder lockern.

(3) Fahre fort wie beim *Augspleiß* (S. 26/27, Schritt 3) beschrieben.

6. Segelmacherspleiß (Abb. 14)
Augspleiß in Liektauen und bei Taljeläufern, da der Spleiß besonders schlank und lehnig ist.

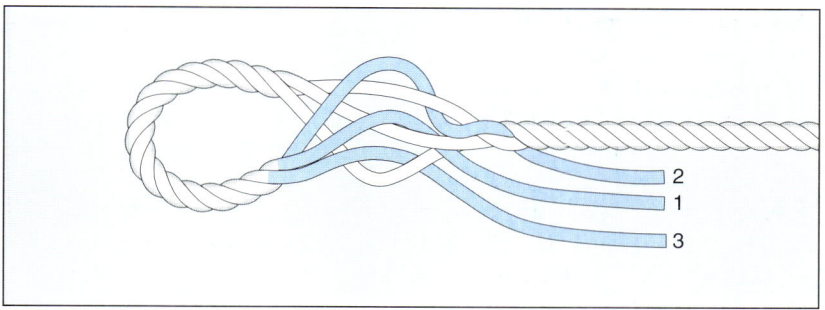

Abb. 14

(1) Lege das Auge, wie beim *Augspleiß* (S. 26/27, Schritt 1) beschrieben, und stelle es hochkant. Dann unterfahre mit dem mittleren Kardeel des Tam-pens das passende Kardeel des Endes, aber nicht gegen den Schlag wie beim Augspleiß, sondern mit dem Schlag, also bei rechts geschlagenem Tauwerk auf dich zu. Tue dasselbe mit den anderen Kardeelen des Tam-

pens, wobei du aus der Keepe herausfahren musst, in die du mit dem vorhergehenden Kardeel hineingefahren bist.

Kontrolliere: Aus jeder Keepe des Endes muss ein Kardeel herausfahren!

(2) Jetzt stecke die Kardeele nicht wie beim Augspleiß über das nächste und unter das übernächste Kardeel des Endes, sondern törne jedes Kardeel einmal um das Kardeel des Endes, das es gerade unterfahren hat, und hole es fest in Richtung des Endes, sodass es sich willig in die Keepe fügt.

Kontrolliere: Aus jeder Keepe muss ein Kardeel herausfahren!

(3) Törne jedes Kardeel nochmals um das Kardeel, um das du es schon getörnt hast, kontrolliere dann und wiederhole dasselbe noch dreimal; bei den letzten drei Törns verjüngst du die Kardeele (vgl. S. 29, Schritt 5).

7. Kurzspleiß (Abb. 15)

Zum Verbinden zweier gleicher Enden, vor allem der beiden Teile eines gebrochenen Endes, wenn die Spleißstelle nicht durch Blöcke oder Leitaugen fahren muss; andernfalls ist der Kurzspleiß nicht zu verwenden, da er das Ende erheblich verdickt.

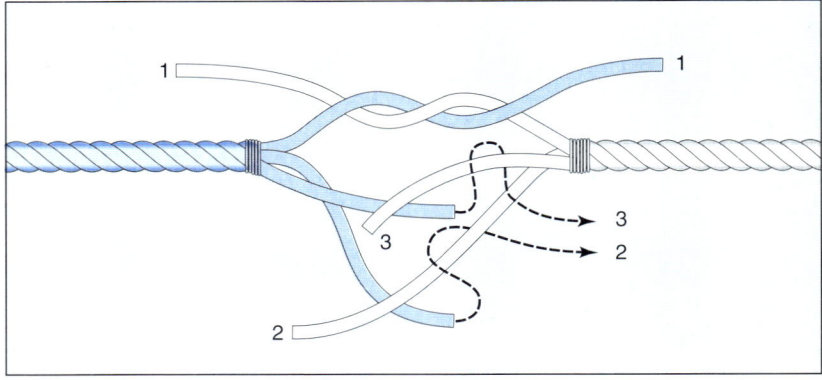

Abb. 15 (1) Der Überhandknoten

(1) Drehe beide Tampen je 6 Törns auf und setze auf jeden Tampen an der Stelle, bis zu der du aufgedreht hast, einen *Behelfstakling* (Nr. 3, S. 22ff.); die Törns müssen in den Kardeelen bleiben.

Stecke die beiden Tampen so gegeneinander, dass je 1 Kardeel des einen zwischen 2 Kardeele des anderen Tampens zu liegen kommt.

Nimm ein Kardeel des linken Tampens und schlage (bei rechts geschlagenem Tauwerk!) um das hinter ihm liegende Kardeel des rechten Tampens einen *Überhandknoten* (wie ein halber Schlag, jedoch gehören die Tampen, die miteinander verschlungen werden, nicht zu demselben Ende) – vgl. Abb. S. 32.

Kontrolliere: Die Kardeeltampen müssen parallel zum Schlag des Endes aus dem Knoten fahren! Tun sie es nicht, so hast du die Kardeele verwechselt und musst den Fehler korrigieren, bevor du weiterarbeitest.

(2) Schlage mit den anderen Kardeelpaaren ebenfalls je einen Überhandknoten; kontrolliere diese nach (1) und hole die Kardeele langsam dicht, indem du die Überhandknoten reihum jeweils einen Pull steifholst, bis die Taklinge nicht mehr näher aneinander zu bringen sind.

Entferne die Taklinge und hole die Kardeele in jedem Überhandknoten paarweise nochmals nach, bis zwischen den beiden Tampen keine Lücke mehr sichtbar ist und die Überhandknoten starr sind.

(3) Streife die Törns aus den herausstehenden Kardeelen (nicht bei synthetischem Gut!) und verspleiße zuerst alle Kardeele des einen Tampens, dann die des anderen; bei dem ersten Durchstecken muss jedes Kardeel zuerst über das Kardeel fahren, mit dem es den Überhandknoten geschlagen hat.

8. Langspleiß (Abb. 16)
Zum Verbinden zweier gleicher Enden, vor allem der beiden Teile eines gebrochenen Endes ohne Verdickung der Spleißstelle.

... im Trossenschlag (dreikardeelig)

(1) Drehe beide Tampen vorsichtig 12 Törns auf und achte darauf, dass die Törns in den Kardeelen erhalten bleiben.

Stoße die Tampen mit den aufgedrehten Kardeelen so gegeneinander, dass je ein Kardeel des einen Tampens zwischen zwei Kardeele des anderen Tampens zu liegen kommt. Lege die so zusammengesteckten Enden quer vor dich auf die Knie und lege jedes Kardeel des linken Tampens (bei rechts geschlagenem Tauwerk) mit dem hinter ihm, also dem von dir weg liegenden Kardeel des rechten Tampens lose zusammen. Die Kardeele müssen sich mit ihren Törns willig ineinander legen, andernfalls hast du die Kardeele durcheinander gebracht und musst vor dem Weiterarbeiten den Fehler korrigieren.

(2) Drehe ein Kardeelpaar wieder auseinander und drehe das Kardeel des linken Tampens 2 weitere Törns aus dem Ende. Schiebe die beiden Tampen

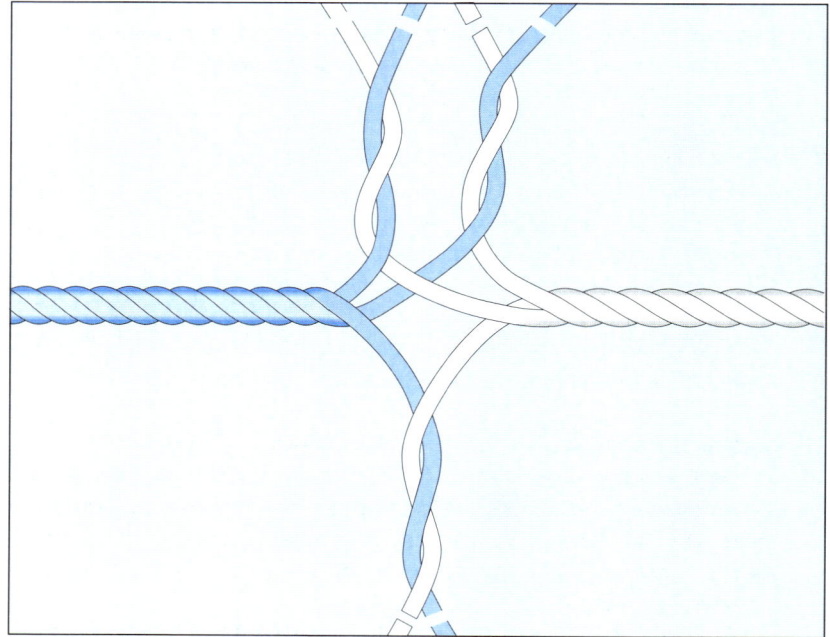

Abb. 16 (1)

des Endes so dicht aneinander, dass sie genau anstehen, und lege das freie Kardeel des rechten Tampens 2 Törns in die Spur des herausgenommenen Kardeels des linken Tampens, wobei du das rechte Kardeel bei jedem Schlag einen halben Törn eindrehen musst, damit sich seine Kabelgarne dicht schließen und das Kardeel sich genau in die Spur des linken Kardeels einfügt. Fahre so fort, bis 9 Törns des linken Kardeels durch das rechte Kardeel ersetzt sind. Du erleichterst dir das Arbeiten, wenn du immer nach 2 aus dem linken Tampen herausgenommenen Törns das rechte Kardeel 2 Törns nachlegst.

Kontrolliere: Das rechte Kardeel muss so in den linken Tampen eingefügt sein, dass es nicht als nachträglich eingedreht erkennbar ist! Korrigiere Unregelmäßigkeiten!

Drehe die beiden Kardeele wieder zusammen (linkes Kardeel vorne!) und kappe das überstehende Kardeel auf die Länge des kürzeren.

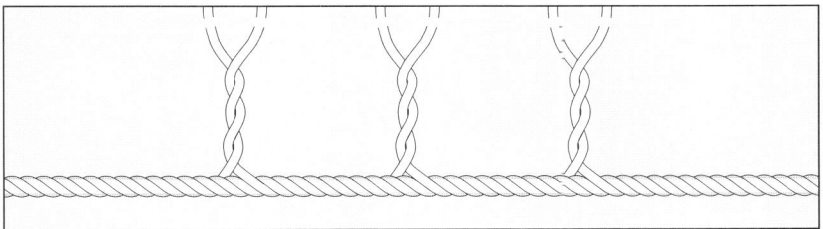

Abb. 16 (3)

(3)   Verfahre mit einem der beiden anderen Kardeelpaare ebenso nach rechts.

(4)   Drehe eines der 3 Kardeelpaare auseinander (Abb. S. 36), drüsele aus beiden Kardeelen je die Hälfte der Kabelgarne heraus und kappe diejenige Hälfte der Kabelgarne, die unten in der Keepe liegt, wenn sich die Kardeelreste kreuzen, damit die gekappten Kabelgarne beim nachfolgenden Verspleißen bedeckt sind.

Schlage mit den Kardeelresten einen *Überhandknoten* (linkes Kardeel vorne!), der die gekappten Kabelgarne bedecken und die Keepe pressen soll.

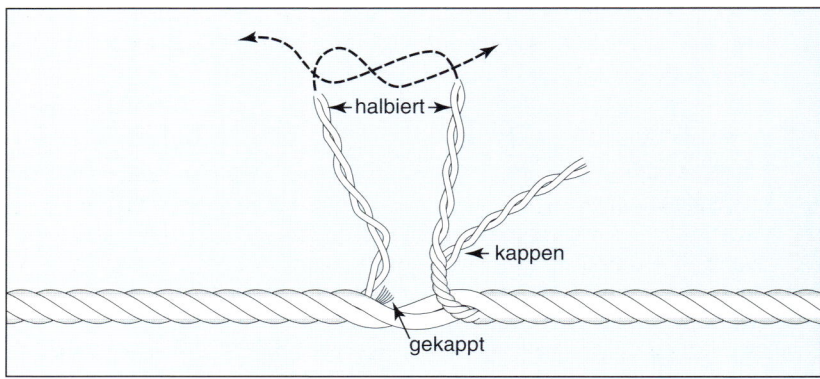

Abb. 16 (4)

Kontrolliere: Die Tampen der Kardeele müssen in Richtung des Schlags aus dem Knoten fahren, anderenfalls hast du den Überhandknoten mit dem falschen Kardeel vorne geschlagen.

(5)   Verfahre ebenso mit den beiden anderen Kardeelpaaren.

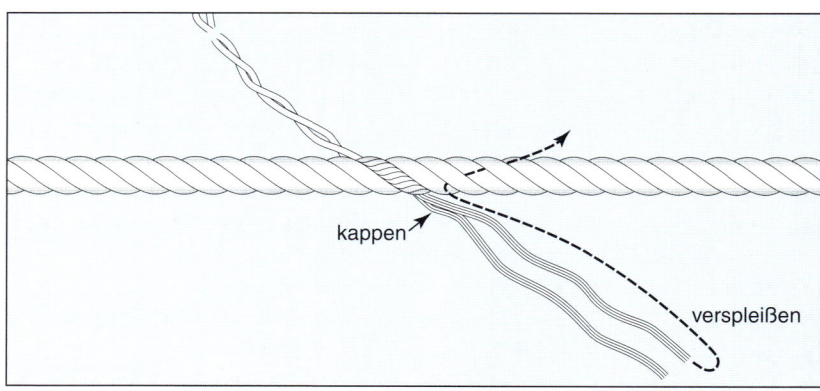

Abb. 16 (6)

(6) Beklopfe die Überhandknoten mit dem Marlspieker, bis sie sich ganz in die Keepe einfügen, und verspleiße die herausstehenden Kardeele, indem du sie *verjüngt* dreimal durchsteckst (vgl. S. 29, Schritt 5).

... im Wantschlag (vierkardeelig)

(1) Drehe beide Tampen 18 Törns (im Trossenschlag waren es nur 12!) auseinander, stoße sie zusammen, wie beim *Trossenschlag* (S. 33ff.) beschrieben, und drehe ebenso je 2 Kardeele zusammen.

(2) Drehe ein Kardeelpaar wieder auseinander und ersetze 14 Törns (beim Trossenschlag waren es nur 9) des linken Kardeels durch das rechte. Drehe die Kardeele dann wieder zusammen.
Beachte, dass du mit dem rechten Kardeel in die richtige Spur fährst!
Folge dem linken Kardeel mit dem rechten Törn um Törn! Hast du die 14 Törns des linken Kardeels durch das rechte ersetzt, so müssen beide Kardeele wieder zusammen.

(3) Löse das nächste Kardeelpaar und verfahre genauso 5 Törns nach links.

(4) Mit dem nächsten Kardeelpaar verfährst du genauso 14 Törns nach rechts und ebenso mit dem letzten Kardeelpaar 5 Törns nach rechts.

(5) Alles Übrige wie beim Trossenschlag beschrieben.

9. Rückspleiß oder Spanischer Takling (Abb. 17)
Anstelle eines Taklings (Nr. 1, S. 20) und gleichzeitig anstelle des Achtknotens (Nr. 56, S. 102), also um das Aufdrüseln des Tampens und gleichzeitig sein Ausrauschen durch einen Block (z. B. Schwertfall) oder aus der Hand (z. B. Pützenstert) zu verhindern.

(1) Drehe den Tampen 5 Törns auf, streife die Törns aus den Kardeelen (nicht bei synsthetischem Gut!) und stecke eine *Hahnenpfote:*

(2) **Die Hahnenpfote**
a) Erfasse den Tampen mit Daumen, Zeige- und Mittelfinger der linken Hand an der Stelle, bis zu der du ihn aufgedreht hast, und bekneife hierbei die aufgedrehten Kardeele oben; dann verteile die Kardeele gleichmäßig auf alle Seiten der linken Hand.

b) Lege das dir zunächst liegende Kardeel entgegen dem Uhrzeigersinn zu einer waagerechten Bucht (Abb. unten) und bekneife es mit dem Zeigefinger der linken Hand.

c) Stecke den Tampen des links von diesem Kardeel 1 liegenden Kardeels 2 von oben nach unten durch die waagerechte Bucht des Kardeels 1, aber nur so weit, daß Kardeel 2 vor seinem Eintritt in die Bucht des Kardeels 1 selbst noch eine entsprechende Bucht behält.

d) In diese Bucht des Kardeels 2 steckst du ebenso das Kardeel 3 und in die Bucht des Kardeels 3 den Tampen von Kardeel 1, den du bis jetzt bekniffen hattest.
Bei *vierkardeeligen* Tampen verfährst du genauso; es ergibt sich lediglich eine weitere Bucht und ein weiteres Durchstecken.

e) Hole die Kardeele reihum und Pull für Pull vorsichtig durch, bis sich oben auf dem Tampen ein Knoten, die *Hahnenpfote,* gebildet hat, aus dem die Kardeele nach unten herausfahren.
Kontrolliere: Zwischen je 2 Parten der Hahnenpfote muss je 1 Kardeeltampen herausfahren!

f) Verspleiße die Kardeele verjüngt (S. 29, Schritt 5).

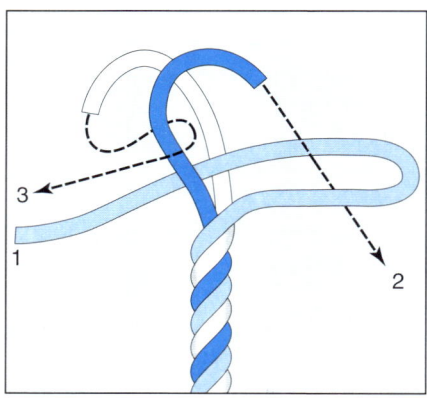

Abb. 17 (2) b

10. Augspleiß in Takelgarn und Bändselgut (Abb. 18)

Behelfsauge

Herstellung eines Auges, z. B. als Anfang beim Aufsetzen eines Bändsels (Nr. 19, S. 54) oder dergleichen.

Lege eine Bucht in das Garn und fahre mit dem Tampen unter einem Kardeel des zwei- oder dreirähtigen Gutes hindurch und in einigem Abstand wieder unter einem Kardeel zurück.

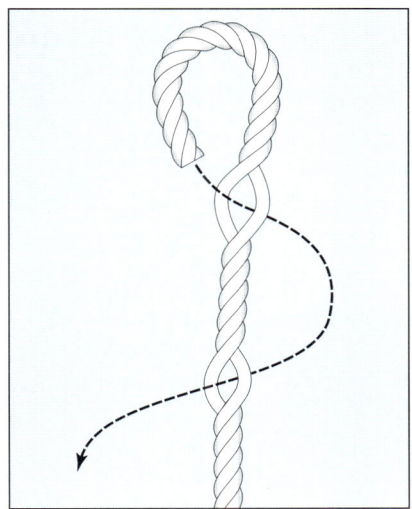

Abb. 18 Behelfsauge

Festes Auge

Einspleißen von Bändseln in die Gattchen der Persenning oder dergleichen.

Fahre mit dem abgepassten und getakelten Tampen durch das Gattchen, sodass beide Parten gleich lang sind. Stecke die eire Part unter einem Kar-

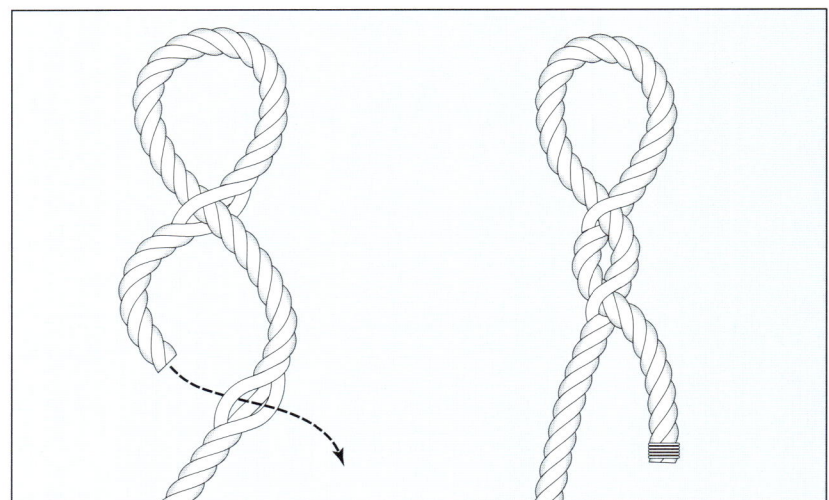

Abb. 18 Festes Auge

deel der anderen Part hindurch, und dann stecke diese andere Part unter einem Kardeel der ersten Part hindurch. Hole die beiden Durchsteckstellen dicht zusammen.

11. Grummetstropp (Abb. 19)
Stropp (endloser Ring aus Tauwerk) als Einfassung von Gattchen im Segel anstelle von Metallösen; als Stropp am Großbaum zum Anstecken der Halstalje usw.

(1) Drehe aus einem Ende 1 Kardeel vollkommen heraus und beachte, dass in dem Kardeel die Törns erhalten bleiben. Das Kardeel muss etwa 5-mal so lang sein wie der gewünschte Umfang des Stropps, also etwa 15-mal so lang, wie der Durchmesser des Stropps sein soll.
(2) Lege mit diesem Kardeel (bei rechts geschlagenem Tauwerk) im Sinne des

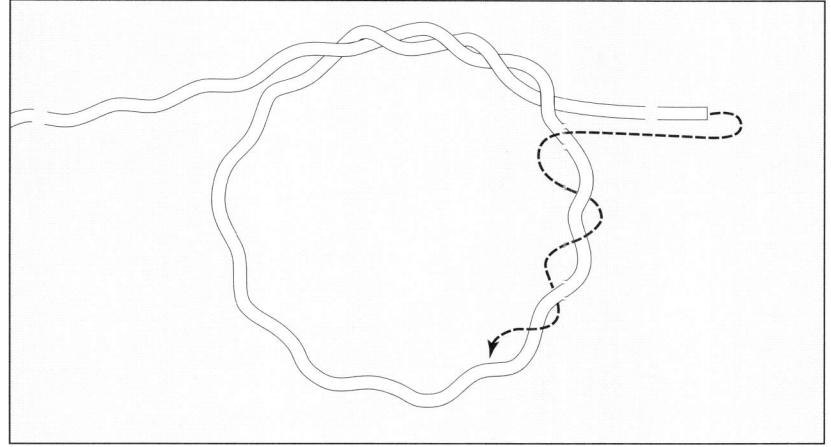

Abb. 19

Uhrzeigers einen Ring von der gewünschten Größe, wobei der nach links zeigende Anfangstampen etwa 15 cm über die Kreuzungsstelle hinausragt. Fahre mit dem langen, nach rechts weisenden Tampen von der Kreuzungsstelle aus entgegen dem Uhrzeigersinn so um das Kardeel herum, dass sich genau Törn in Törn legt, und drehe den Tampen bei jedem Umfahren einen halben Törn ein, sodass die Kabelgarne fest geschlossen sind und die Kardeele sich gut ineinanderfügen.

(3) Bist du an der Ausgangsstelle angekommen, so wiederhole dasselbe noch einmal und achte an der Kreuzungsstelle darauf, dass du in der richtigen Keepe weiterfährst: Du musst *hinter* dem kurzen linken Tampen weiterfahren, sodass dieser frei in seiner Keepe liegt und die Kardeele sich nicht kreuzen.

(4) Kommst du wieder am Ausgangspunkt an, so müssen sich die beiden Tampen in derselben Keepe begegnen; andernfalls hast du einen Fehler gemacht und musst noch einmal von vorne anfangen.

(5) Halbiere die Tampen und verspleiße sie wie beim Langspleiß (S. 35, Schritt 4) beschrieben.

12. Legel (Abb. 20)
Auge an zwei Gattchen eines Segels zur Aufnahme einer Ringkausch; auch als Handgriff an der Seekiste und ähnlich zu verwenden.

(1) Nimm ein Ende von der 6-fachen Länge des gewünschten Legels und drehe ein Kardeel heraus, wobei die Törns erhalten bleiben müssen.

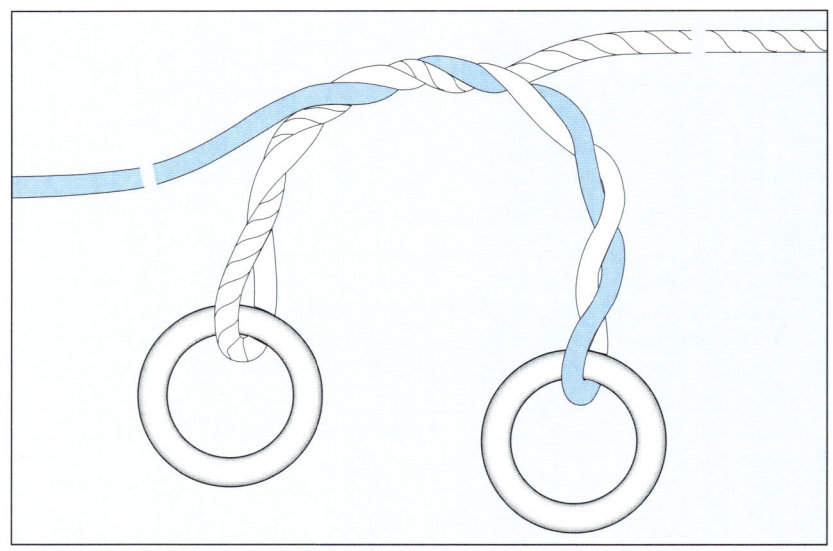

Abb. 20

Schere das Kardeel so durch beide Gattchen oder Ringschrauben, dass die Bucht zwischen ihnen die gewünschte Größe hat und dass beide Tampen gleich lang aus den Gattchen fahren.

(2) Fahre mit jedem Gattchen so um die Buchtpart des Kardeels, dass sich Törn in Törn legt, und drehe den Tampen bei jedem Törn einen halben Schlag ein, damit sich die Kabelgarne fest schließen.

(3) Bist du mit jedem Tampen am Auge des entgegengesetzten Legelendes angekommen, so törne weiter um die Part, die durch das Gattchen fährt (hier fahren jetzt nur 2 Kardeele!).

(4) Kommst du an der Spitze des Auges an, so fahre mit dem Tampen über das ihm zunächst liegende Kardeel und stecke ihn unter seiner eigenen Legelpart durch.

(5) Verspleiße die Tampen verjüngt (vgl. S. 29, Schritt 5).

Soll eine *Kausch* in das Legel eingesetzt werden, so geschieht dies nach Fertigstellen des Legels. Das Legel muss so knapp sitzen, dass es notwendig ist, die Kausch mit dem Holzhammer in das Legel zu schlagen.

In Drahttauwerk

Ein Augspleiß in Drahttauwerk – benötigt etwa an Wanten, Fallen und Streckern – ist im Prinzip ähnlich dem in Fasertauwerk, nur ist das Material wesentlich spröder und schlechter zu handhaben.
Man braucht dazu einen speziellen Marlspieker, Zange und Holzhammer und einen Handschutz.
Deshalb haben sogenannte Talurit- oder Nicopress-Spleiße den Augspleiß weitgehend verdrängt. Allerdings eignen sie sich nur für flexibles Drahttauwerk. Der Draht wird einfach um die Kausch gebogen, eine Metallhülse wird über beide Enden geschoben und unter hohem Druck zusammengepreßt, sodass sie fast mit dem Draht verschmilzt. Nur ist darauf zu achten, dass an den Rändern der Hülse keine Kardeele angebrochen werden. Und Hülse und Draht müssen materialmäßig zueinander passen, um Elektrolyse zu vermeiden. Etwa Kupferhülsen für nichtrostenden Stahldraht. Das dafür erforderliche Presswerkzeug ist bequem im Werkzeugkasten unterzubringen.

13. Augspleiß (Abb. 21)

(1) Setze in etwa 10 cm Entfernung vom Tampen einen *Behelfstakling* auf das Ende und einen ebensolchen, aber *sehr sicheren* Behelfstakling in einer Entfernung von etwa 30 cm vom Tampen. Du hast jetzt 3 Taklinge auf dem Ende: den Takling, durch den das Ende von vornherein gegen Aufspringen gesichert war, einen zweiten in 10 cm Entfernung vom Tampen und einen solchen in einer Entfernung von 30 cm.

(2) Schneide den Takling, durch den der Tampen von vornherein gegen Aufspringen gesichert war, auf, sodass der Tampen bis zum zweiten Takling aufspringt. Setze auf jedes der 6 Kardeele einen *sehr sicheren* Behelfstakling und schneide den nächsten Takling (10 cm vom Tampen) ebenfalls auf, wonach der Tampen bis zum letzten Takling auseinanderspringt.
Kappe die freigewordene Seele dicht beim Takling.

(3) Bei dem jetzt beginnenden Spleißen ist größte Vorsicht anzuwenden: An den Drahtspitzen der Kardeele kannst du dir sehr lästige Risse an den Händen holen, und der *Marlspieker* fährt, wenn er abslippen sollte, mit

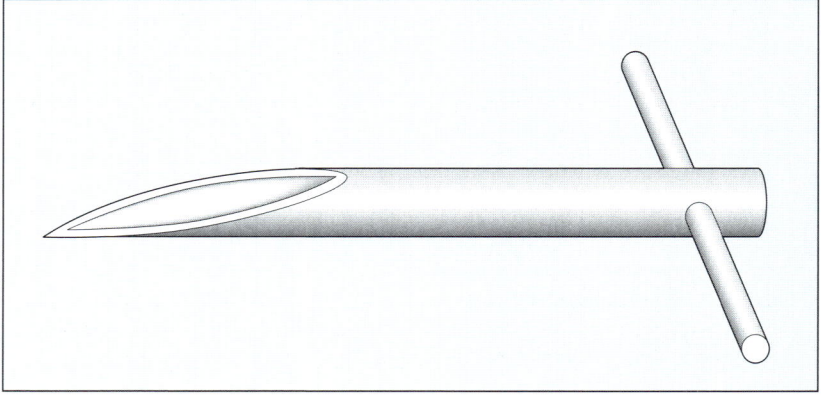

Abb. 21 (3)

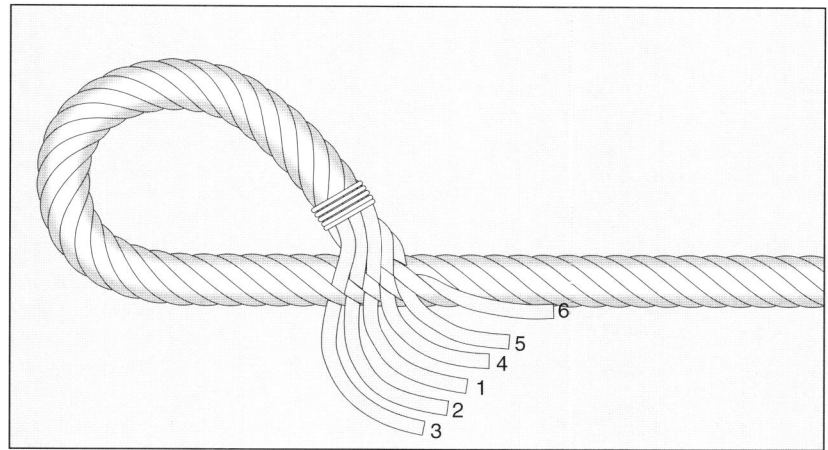

Abb. 21 (4) – (7)

Sicherheit in deine linke Hand. Der Marlspieker soll sehr kräftig sein: Am besten spleißt man Draht mit einem Marlspieker, der eine tiefe Rinne in der Klinge hat. Hast du öfters Draht zu spleißen, so lasse dir vom Schlosser ein Röhrchen mit 6–7 mm lichter Weite und etwa 15 cm Länge schneiden, dessen eines Ende in einem Winkel von etwa 10° abgeschrägt und in dessen anderes Ende ein Querstab als Handgriff eingesetzt ist (Abb. S. 44). Dieses Instrument benutze als Marlspieker.

(4) Lege das Auge in der gewünschten Größe und stelle es hochkant, wobei 3 Kardeele vor und 3 Kardeele hinter das Ende zu liegen kommen. Zunächst wird das *innere* der vor dem Ende liegenden Kardeele durchgesteckt, und zwar *mit* dem Schlag.
Hierzu fährst du mit dem Marlspieker *gegen* den Schlag unter das passende Kardeel und schiebst den Kardeeltampen von der entgegengesetzten Seite, also mit dem Schlag, in die Rille des Marlspiekers.

(5) Drehe das Auge von dir weg, unterfahre mit dem Marlspieker *zwei* Kardeele gegen den Schlag, und zwar so, dass der Marlspieker wieder in der

Keepe herauskommt, in die das erste Kardeel hineinfährt, und stecke das *mittlere* der *vor* dem Ende liegenden Kardeele durch.

(6) Fahre nochmals mit dem Marlspieker, diesmal unter *drei* Kardeelen hindurch, gegen den Schlag zu der Keepe, in die die beiden Kardeele 1 und 2 hineinfahren, und stecke das *vordere* der *vor* dem Ende liegen den Kardeele durch.

(7) Drehe das Ende wieder auf dich zu und stecke das vordere der hinter dem Ende liegenden Kardeele *mit* dem Schlag so unter *einem* Kardeel hindurch, dass es aus der Keepe fährt, in die schon drei Kardeele hineinfahren.

Dann steckst du das mittlere der hinter dem Ende liegenden Kardeele unter dem nächsten Kardeel des Tampens hindurch, ebenfalls mit dem Schlag und so, dass es aus der Keepe fährt, in die das vordere Kardeel hineingefahren ist.

Ebenso verfährst du mit dem hinteren Kardeel; dieses fährt also aus der Keepe, in die das mittlere Kardeel hineingefahren ist.

Beachte: Beim Einstecken des Marlspiekers darf die Seele des Endes nicht verletzt werden!

(8) Nimm eine Flachzange und hole die Kardeele *in Richtung des Endes* behutsam steif. Beachte, dass du mit der Zange nicht die Taklinge von den Kardeeltampen streifst!

(9) Törne jedes Kardeel noch 4- bis 5-mal um das Kardeel, unter dem es herausfährt, und verjünge es hierbei, indem du die zu entfernenden Drähte mit der Kombizange oder Drahtschere abzwickst.

(10) Lege den Spleiß auf eine Holzunterlage und beklopfe ihn mit dem Marlspiekergriff schräg in Richtung vom Auge zum Ende, damit sich die durchgesteckten Kardeele in dieser Richtung strecken und einfügen.

(11) Ist der Spleiß rund und glatt geworden, so wird er *gesmartet* und *gekleedet* (S. 48 und 49), um die vorstehenden Drahtspitzen unschädlich zu machen.

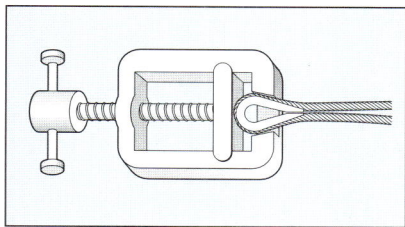

Abb. 22 Spleißzwinge

14. Einspleißen einer Kausch (Abb. 22)

(1) Die Verwendung einer *Spleißzwinge* ermöglicht es, dass das Auge des Endes tatsächlich dicht um die Kausch gespleißt wird.
Spanne den Tampen mit der Zwinge um die Kausch und beachte, dass die Kausch die richtige Größe hat. Das Ende darf in der Keepe weder Luft haben, noch darf es seitlich überstehen.

(2) Im Übrigen verfahre so wie unter *Augspleiß* (Nr. 13, S. 44) beschrieben.

Smarten und Kleeden

Das Smarten und Kleeden verhindert das Eindringen von Feuchtigkeit in Drahttauwerk, wo dieses seine natürliche Dichte durch Bearbeitung (Spleißen!) verloren hat. Außerdem macht es die an dieser Stelle hervorstehenden Drahtspitzen, die der Segler nicht umsonst »Fleischhaken« nennt, unschädlich.

15. Smarten (Abb. 23)

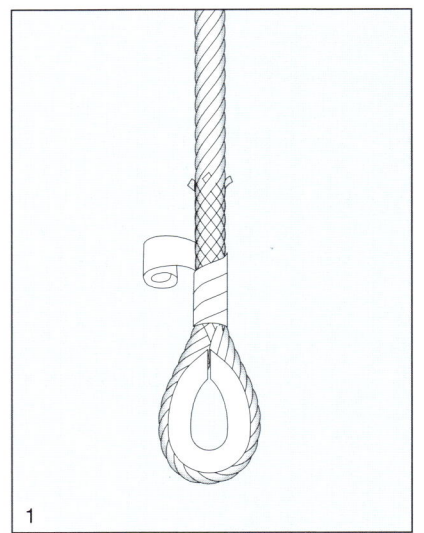 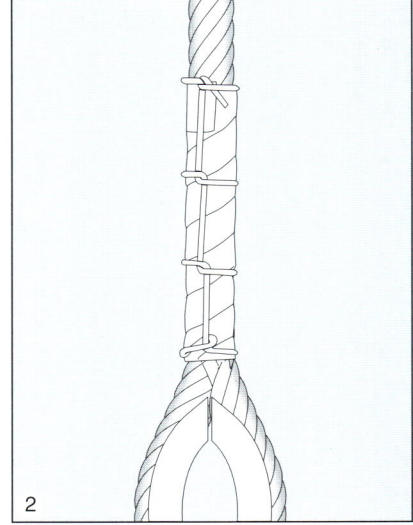

Abb. 23

(1) Bestreiche den Spleiß oder die Schadensstelle mit Mennige. Schneide einen etwa 3 cm breiten Segeltuchstreifen schräg zum Fadenverlauf (der Schneider nennt das einen »Schrägstreifen«) und rolle ihn auf, wie man Verbandmull aufrollt. Wickele ihn *im Drehsinn der Kardeele* fest um die Spleißstelle und lasse die einzelnen Törns etwas überlappen. *Überlege dir vorher,* wie das gespleißte Ende im Gebrauch stehen wird, also ob es sich bei dem Spleiß um ein oberes oder ein unteres Auge handelt! Smarte so, dass die einzelnen Törns der Smarting sich immer *von oben nach unten* überlappen und somit von oben kommendes Wasser abweisen, anstatt es in die Smarting zu leiten. Bei einem *oberen* Auge beginne mit dem Smarten am Ende des Spleißes, bei einem *unteren* am Auge.
Beachte, dass sich keine Drahtspitzen durch die Smarting bohren!

(2) Marle die Smarting mit Takelgarn (Nr. 18, S. 53). Zum Festsetzen des Anfangs spleiße ein Auge in das Takelgarn (Nr. 10, S. 39). Bestreiche das Ganze mit farblosem Bootslack.

16. Kleeden (Abb. 24-26)

Kleeden heißt, das Drahttauwerk mit Takelgarn dicht bei dicht umwickeln.

(1) (Abb. 24, S. 50) Beginne am Ende des Spleißes in Richtung auf das Auge hin. Die ersten Törns werden gelegt wie bei dem Aufsetzen eines Taklings beschrieben (S. 20), und zwar entgegen dem Drehsinn der Kardeele. Lege die Törns dicht bei dicht und hole von Anfang an jeden Törn so steif, wie es die Bruchfestigkeit des Takelgarns erlaubt; nötigenfalls benutze zum Steifholen den Marlspieker *(Marlspiekerschlag, Nr. 58, S. 103).* Die letzten 4–5 Törns lege lose um die Smarting und fahre mit dem Tampen des Kleedgarns entgegen der Kleedrichtung durch die losen Törns zurück. Hole die losen Törns einen nach dem anderen so steif wie möglich und dann ebenso den Tampen des Kleedgarns.
Bestreiche das Ganze mit farblosem Bootslack.

(2) Bei stärkeren Enden benutze die *Kleedkeule:*
a) Setze das fertig gesmartete Auge in Hüfthöhe fest (z. B. indem du es auf einen Haken steckst) und befestige den Tampen oder einen Teil des Endes ebenfalls in Hüfthöhe so, dass das Ende gut gestreckt ist.

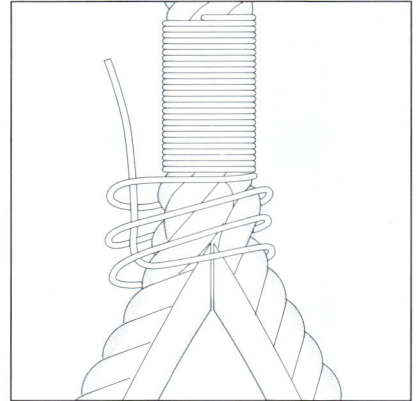

Abb. 24

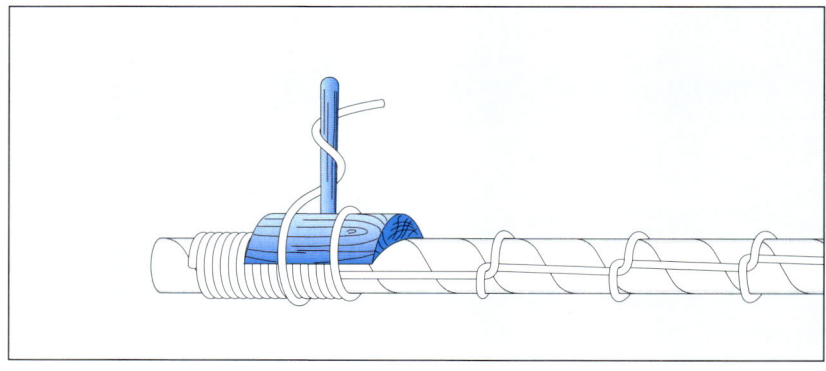

Abb. 25

b) Lege mit dem Kleedgarn die ersten Törns wie unter Schritt 1 beschrieben, dann setze die Kleedkeule auf die Smarting. Fahre mit dem Kleedgarn 2 Rundtörns um Kleedkeule und Ende (Abb. 25), wobei der Stiel
der Kleedkeule zwischen die beiden Törns zu stehen kommt, dann lege
noch einen Rundtörn um den Keulenstiel und bekneife ihn mit der Hand
auf dem Stiel.

c) Nun übernimmt eine zweite Person den Knäuel Kleedgarn, und du selbst drehst die Kleedkeule um das Ende, wobei du das bekniffene Kleedgarn langsam durchslippen läßt; bei zu starkem Bekneifen bricht das Garn, denn du arbeitest ja mit einem Hebel! Bei dem Drehen der Kleedkeule muss sich das Garn dicht bei dicht und gut steifgeholt um das Ende legen. Bei jedem Törn fährt die zweite Person mit dem Garnknäuel ebenfalls um das Ende, sodass das Garn klar bleibt. Gibt das Ende zu stark nach, um ein sauberes Arbeiten zu ermöglichen, so strecke es, indem du dich mit der Hüfte dagegen lehnst.

d) Kommst du schließlich mit der Kleedkeule so nahe an das Auge, dass ihr Vorschub behindert wird, so nimmst du, während die zweite Person die letzten Törns des Kleedgarns auf dem Ende bekneift, das um die Keule getörnte Kleedgarn ab und fährst mit ihm durch die Kerbe an der Vorderkante der Keule um deren Stiel (Abb. 26) und weiter um Keule und Ende; es folgt wieder ein Törn um den Keulenstiel, den du bekneifst.

e) Dann kleedest du weiter wie beschrieben. Ist die ganze Smarting gekleedet, so kappst du das Kleedgarn und belegst es entsprechend Schritt 1, wonach du die ganze Kleedung mit farblosem Bootslack überstreichst.

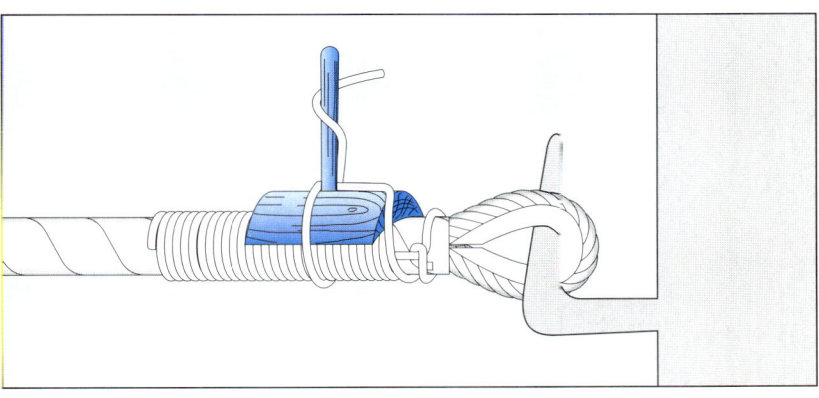

Abb. 26

Bändsel und Leinen

17. Nockbändsel (Abb. 27)

Zum Ausholen und Festsetzen des Lieks an der Spierennock. Das Nockbändsel ist entweder in das Liektau eingespleißt oder mit einem Augspleiß im letzten Gattchen des Segels angesteckt.

(1) Fahre durch die Bohrung der Spiere oder das Auge des Spierenbeschlags und lege eine genügende Anzahl Rundtörns um die Spiere und die vom Segel kommende Part des Bändsels.

Fahre durch alle Rundtörns hindurch und lege nochmals 2 Rundtörns quer zu ihnen durch ihre Buchten. Hole die um die Spiere liegenden Rundtörns einen nach dem anderen so steif wie möglich und hole die beiden Querschläge so weit nach, dass sie klarliegen, du aber noch unter ihnen durchfahren kannst.

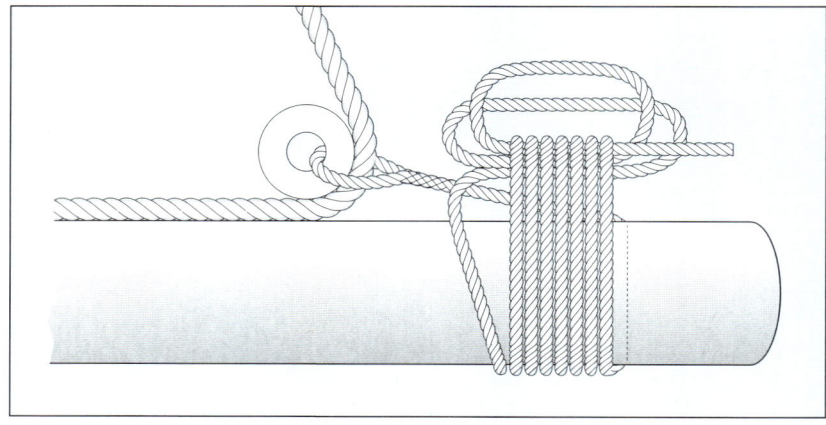

Abb. 27 (1)

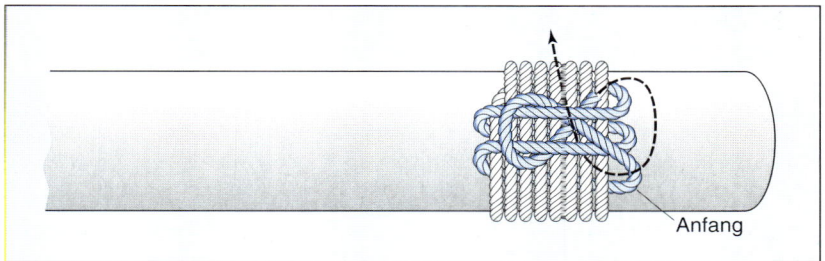

Abb. 27 (2)

(2) Fahre mit dem Tampen des Bändsels von oben zwischen die beiden Querschläge und in gleicher Richtung weiter unter dem einen wieder heraus;
fahre über beide Querschläge hinweg und unter beiden wieder zurück, worauf du nochmals über beide hinwegfährst, sodass eine 8 entsteht.
Dann unterfahre den ersten Querschlag und lasse den Tampen zwischen
den Querschlägen im Schnittpunkt der 8, also zwischen den beiden letzten Törns des Bändsels herauskommen.
Hole das Bändsel Part für Part durch, sodass von der 8 nur noch zwei
parallele Parten sichtbar sind, die den Bändseltampen bekneifen.

18. Marlleine (Abb. 28)

*Fährt ein Segel nicht in den Nuten seiner Spieren, so wird es mit der Marl-
leine an die Spieren angemarlt. Die Marlleine ist am Hals bzw. an der Klau
des Segels in das vorderste Gattchen eingespleißt.*

(1) Fahre mit der Marlleine auf der Backbordseite des Segels bis zum 2. Gattchen, dann durch dieses hindurch und um die Spiere zurück. Fahre von
oben zwischen der ersten Part der Marlleine und dem Segel hindurch zum
nächsten Gattchen.
Kontrolliere: Der Marlschlag ist richtig, wenn der entstandene Knoten, der
nicht anders als ein *Überhandknoten (Abb. S. 32)* ist, sich so bekneift, dass
er auch hält, wenn du die Marlleine losekommen lässt oder wenn sie bricht.
Fahre so fort, bis du beim letzten Gattchen angekommen bist.

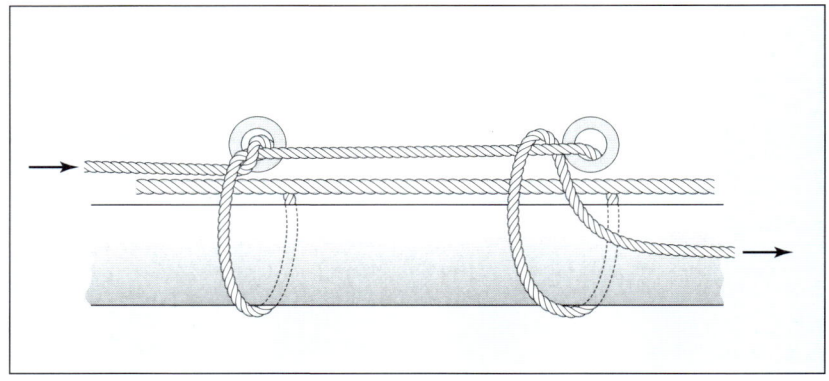

Abb. 28

(2) Beginne wieder beim zweiten Gattchen und hole die Marlleine Part für Part so steif wie möglich; recke hierbei das Liek des Segels ebenfalls so gut es geht nach.
Beachte: Die Marlleine muss jetzt dicht auf dem Liektau liegen, und jeder Marlschlag muss genau vor seinem Gattchen stehen!

(3) Bist du wieder am letzten Gattchen angekommen, so prüfe, ob das Nockbändsel durch das Nachrecken des Lieks Lose bekommen hat; ist dies der Fall, so musst du es neu belegen. Belege die Marlleine genauso wie auf S. 52 für das *Nockbändsel* beschrieben. Im Allgemeinen wird die Marlleine auf das Nockbändsel zu liegen kommen.

19. Aufsetzen eines Bändsels (Abb. 29)
Zum Festsetzen eines Tampens, wie z. B. bei dem Roringstek (Nr. 47, S. 96), der Klinsch (Nr. 48, S. 96) und anderen Steken.

(1) Spleiße in das Takelgarn ein *Behelfsauge* (Nr. 10, S. 39), lege das Takelgarn um die Part des Endes, auf die das Bändsel aufgesetzt werden soll, und fahre mit dem Tampen des Takelgarns *im Drehsinn* der Kardeele des

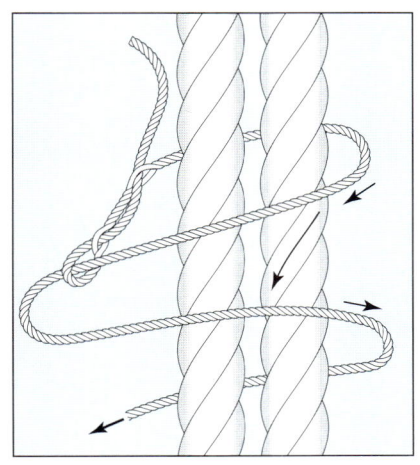
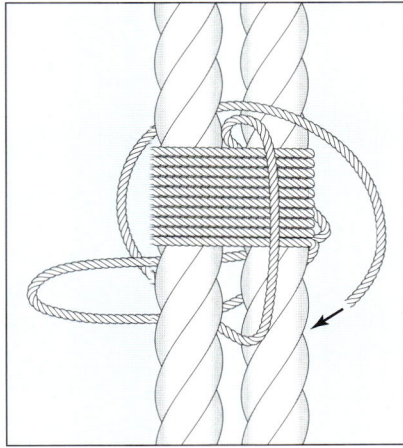

Abb. 29 (2)   *Abb. 29 (3)*

Endes durch das in das Garn gespleißte Auge, sodass eine laufende Schlinge entsteht. Hole den Tampen des Auges durch, bis sich das Auge geschlossen hat.

(2)   Hole die Bucht des Takelgarns, die jetzt um die beiden Parten des Endes liegt, *entgegen dem Drehsinn* der Kardeele des Tampens steif und fahre in gleichem Drehsinn weiter um die beiden Parten, sodass das Takelgarn dicht bei dicht zu liegen kommt.

(3)   Haben die Rundtörns die Breite erreicht, die etwa 2/3 der Gesamtbreite der nebeneinander liegenden Parten des Endes, auf die das Bändsel aufgesetzt wird, entspricht, so hole alle Törns nochmals gut nach. Dann fahre mit dem Garn zwischen beiden Parten des Endes hindurch und zweimal rund um die zuerst gelegten Rundtörns, also quer zu diesen und parallel zu den Parten des Endes.

(4)   Nimm eine Segelnadel und setze den Tampen des Takelgarns fest, wie beim *Nockbändsel* (Nr. 17, S. 52, Schritt 2) beschrieben.

20. Beschlagen des Großzeugs mit langem Ende (Abb. 30)

*Wenn Zeisinger fehlen. Der nachfolgend beschriebene Stek erspart die lästi-
gen Rundtörns, die man andernfalls mit dem ganzen Ende um das Großzeug fahren müsste, und ermöglicht das Ausschütten des Segels durch einfaches Holen des Endes.*

(1) Wird zum Beschlagen die Großschot oder Reihleine benutzt, so beginne
dort, wo sie angesteckt ist. Wird ein loses Ende benutzt, so stecke es zuerst
am Gaffelschuh an und beginne dann dort. Fahre mit dem ganzen Ende
einmal schräg um das Großzeug und stecke eine Bucht des Endes unter
der Part hindurch, die jetzt oben auf dem Großzeug fährt.

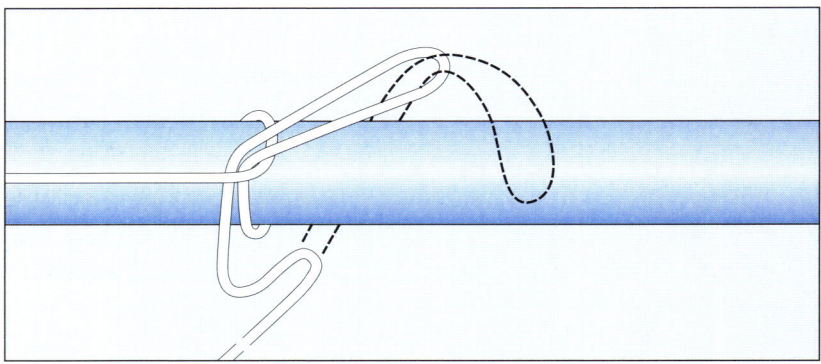

Abb. 30 (1)

(2) Hole von der losen Part des Endes eine zweite Bucht durch die erste und
lege sie nach der anderen Seite schräg über das Großzeug [Abb. 30 (2)].

(3) Wiederhole dies abwechselnd nach beiden Seiten, bis das ganze Großzeug beschlagen ist; dann belege den Tampen mit 2 halben Schlägen an
einer Stelle, die den letzten Schlag gegen Zurückslippen sichert.

(4) Zum Ausschütten des Segels löse den Tampen des Endes und hole ihn
Hand über Hand.

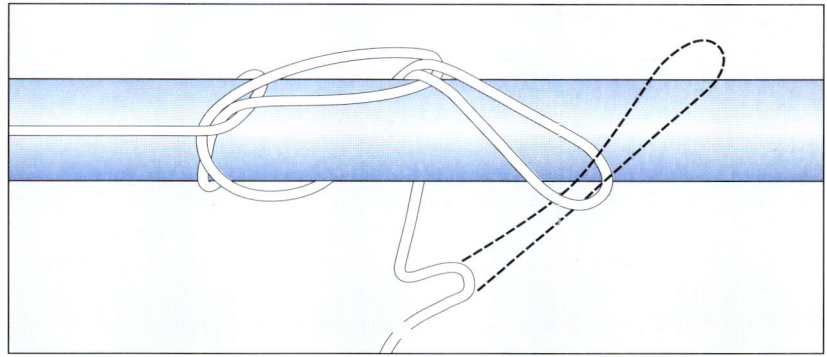

Abb. 30 (2)

21. Mausing (Abb. 31)
Zur Sicherung eines Hakens gegen Aushängen. Nur anwendbar, wenn die Rückseite des Hakens so gekröpft ist, dass die Mausing nicht nach unten abslippen kann.

Lege mit einem dünnen Draht Rundtörns über die Öffnung des Hakens, dann einige Rundtörns quer über diese und verstecke die Tampen des Drahtes.

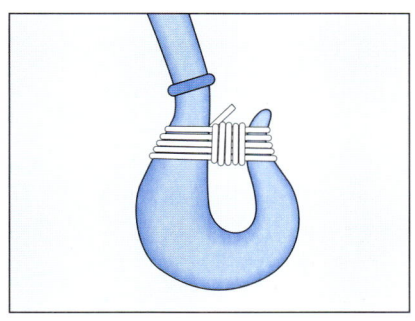

Abb. 31

Musst du für die Mausing Takelgarn verwenden, so belege den Tampen mit einem *Webeleinenstek* (Nr. 41, S. 83).

Das Nähen

Jedes Segelmaterial muss mit dem gleichartigen Segelgarn (»Nähfaden«) genäht werden! Also Makosegel mit Normalgarn, Kunststoffsegel mit Garn aus demselben Material, aus dem das Segel hergestellt ist. Andernfalls bringt das härtere Material das weichere zum Brechen!

22. Bootsmannsnaht (Abb. 32)
Zur provisorischen Reparatur von glatten Segelrissen unter Vermeidung von Spannungen, die zu weiteren Rissen führen könnten.

(1) Stich von der *Rückseite* des Segels neben dem Ende des Risses ein, fahre quer über den Riss hinweg und stich auf der *Vorderseite* des Segels gegenüber der Stelle, an der der erste Stich herauskam, so wieder ein, dass die Segelnadel *hinter* dem entstandenen Querschlag aus dem Riss fährt.

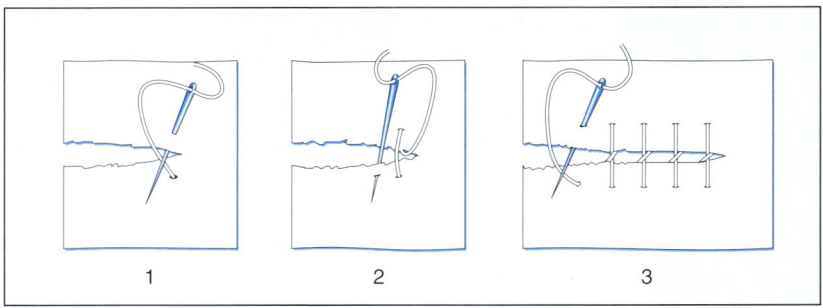

Abb. 32

58

(2)   Fahre über den Querschlag hinweg, in den Riss hinein, und stich wieder von der Rückseite des Segels auf der Seite des ersten Stiches und in der gleichen Entfernung vom Riss wie dieser ein.

(3)   Fahre so fort bis zum Ende des Risses und vernähe den Tampen des Segelgarns.

Beachte: Hole das Segelgarn bei jedem Stich nur so steif, dass das Tuch nicht verzogen wird, und vollkommen ohne Spannung bleibt.
Reißt ein Segel in einer Situation, die das Anbringen einer Bootsmannsnaht aus Zeitmangel oder infolge der Leichtigkeit des Tuchs (z. B. Spinnaker) nicht gestattet, so kann der Riss, wenn er nicht zu lang ist, behelfsmäßig mit Selbstklebeband (Spinnaker Tape oder Grey Tape, das auch auf feuchten Segeln klebt) überklebt werden. Hierbei empfiehlt es sich, die gerissene Stelle des Segels glatt auf Deck zu legen. Beachte, dass die Kanten des Risses genau gegeneinander stoßen.
Wie gesagt: eine behelfsmäßige Reparatur. Wieder an Land, sollte man das Segel sofort einem Segelmacher geben.

23. Aufsetzen eines Patschen von Hand (Abb. 33)
Zur provisorischen Reparatur von nicht glatten Rissen oder von Rissen in rottem Tuch.

(1)   Schneide einen rechtwinkligen Patsch, der so groß ist, dass er auf allen Seiten erheblich über den Riss hinausreicht.
Lege die beschädigte Stelle des Segels platt auf Deck und hefte den Patsch mit großen Stichen so über den Riss, dass eine seiner Kanten parallel mit der nächsten Segelnaht läuft, aber keine Sege naht überschneidet. Die Kanten des Patschen schlage vorher um (einfacher Saum).
Kontrolliere: Das Segel darf unter dem Patsch nicht zusammengezogen sein, sondern muss vollkommen flach und ohne Falten am Patsch anliegen.

(2)   Nähe den Patsch mit einfacher Naht, aber mit kleinen Stichen rundum fest, wobei das Segelgarn über die Kanten des Patschen greifen muss.

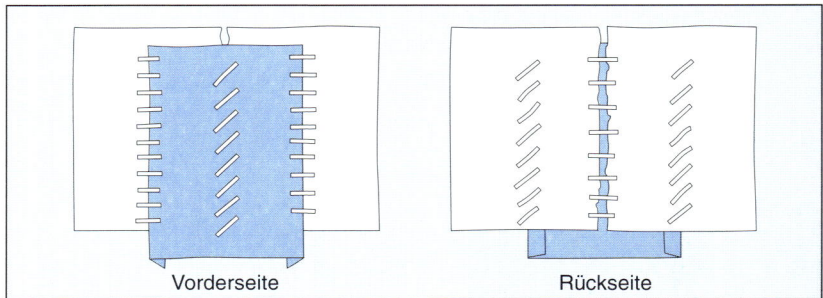

Abb. 33

(3) Nähe ebenso von der anderen Seite des Segels die Risskanten an den Patsch.
Der Patsch und das von ihm gedeckte Tuch müssen jetzt vollkommen flach und ohne Falten aufeinander liegen.

24. Maschinennaht
Endgültige Reparatur beschädigter Segel.

Die Maschine
Eine Maschine zum Segelnähen muß Zickzackstich nähen.
Bevor du mit dem Nähen beginnst, mache dich mit der Maschine vertraut:

Wie fährt das Garn von der Garnrolle bis zur Nadel?

Wie fährt das Garn von der Spule durch das Spulengehäuse?

Wo werden die Länge des Stiches und das Vor- und Rückwärtsnähen eingestellt?

Wo wird die Breite des Stiches eingestellt?

Wo wird die Spannung des Oberfadens reguliert?

Beachte: Zum Einsetzen und Herausnehmen der Spule aus dem Spulengehäuse und ebenso beim Herausziehen des Unterfadens, also auch des Arbeits-

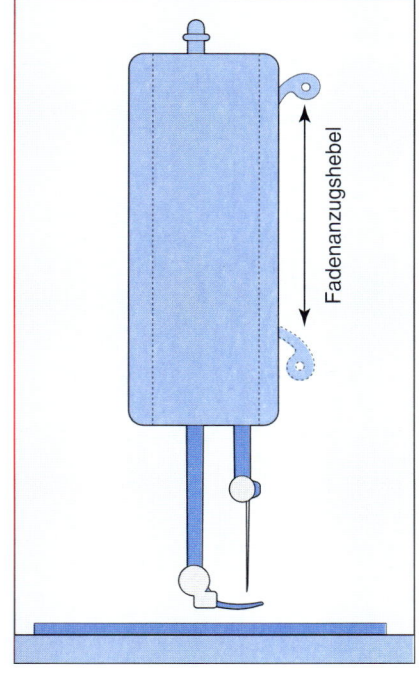

Abb. 34

stückes mitsamt Unter- und Oberfaden, müssen Nadel und Fadenanzugshebel (Abb. 34) auf ihrem Höchstpunkt stehen!

Bevor du das Arbeitsstück einlegst, hole den Unterfaden nach oben, indem du den Tampen des eingefädelten Oberfadens mit der linken Hand festhältst und das Schwungrad der Maschine mit der rechten Hand eine volle Umdrehung auf dich zu drehst. Dann lege Ober- und Unterfaden nach hinten (von dir weg).

Nähe zuerst eine *Probenaht* auf einem Stück Tuch von gleicher Art und Stärke wie das Arbeitsstück.

Kontrolliere den Garnlauf auf Ober- und Unterseite! Die Verschlingung des Garns muss *im Innern* des Tuches stattfinden und somit unsichtbar sein! Ist dies

61

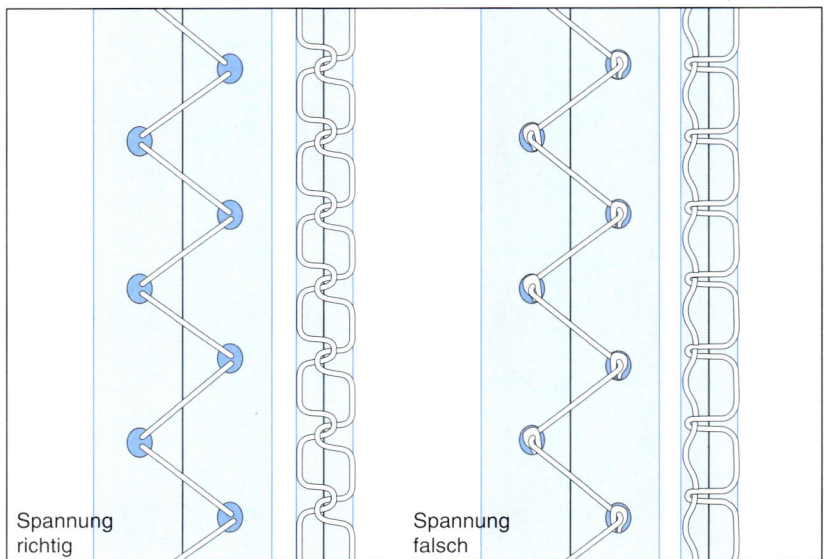

Spannung
richtig

Spannung
falsch

Abb. 35

nicht der Fall und ist die Schlinge auf der Oberseite des Tuches sichtbar, so ist
die Oberspannung zu fest und muss gelockert werden (Abb. 35). Ist die Schlinge
auf der Unterseite sichtbar, so ist die Spannung des Oberfadens zu lose und
muss angezogen werden.

Wähle die *Länge des Stiches* nicht zu klein, sonst »nähst du das Segel ab«:
Nahe zusammenliegende Stichlöcher ergeben eine Perforierung wie bei einem
Bogen Briefmarken, und das Segel reißt.

Reparatur kurzer, glatter Risse

(1)   Setze die Nadel vor dem Riss ein und nähe *rückwärts* 1–2 cm vom Riss
      weg, um den Tampen des Segelgarns festzusetzen. Bei Kunstfasersegeln
      nähe auf der Unterseite des Segels auf die ganze Nähstrecke einen Strei-

fen Packpapier mit, um das Entstehen von Falten zu vermeiden, und reiße das Papier nach beendigter Reparatur wieder heraus.

(2) Nähe vorwärts wieder zum Riss hin und dann über ihn hinweg, wobei die Nadel abwechselnd links und rechts vom Riss einsticht und der Faden über den Riss hinweggeht. Halte hierbei die Risskanten so aneinander, dass sie nicht überlappen, dass also keine Spannung im Tuch entsteht.

(3) Nähe 1–2 cm über den Riss hinaus und lasse dann das Arbeitsstück wieder einige Stiche rückwärts laufen, damit auch dieser Tampen des Segelgarns festgesetzt wird.

Reparatur langer Risse
Setze einen Streifen auf den Riss. Ausführung siehe nächsten Abschnitt »Aufsetzen eines Patschen«.

Aufsetzen eines Patschen (Abb. 36)
(1) Verfahre wie unter Nr. 23 Schritt 1 (S. 59) beschrieben. Der Patsch muss sehr fest angeheftet werden, denn der Vorschub des Arbeitsstückes erfolgt in der Maschine durch den unter dem Arbeitsstück liegenden Stoffschieber, während der von oben auf das Arbeitsstück greifende Fuß den Vorschub bremst. Ist der Patsch gar nicht oder zu lose angeheftet, so transportiert die Maschine das Segel schneller als den Patsch, und es entstehen Falten, die zu neuen Rissen führen, wenn Druck auf dem Segel steht.

(2) Setze die Nadel auf dem Patsch einige Zentimeter von einer seiner Ecken entfernt ein und nähe rückwärts bis zur Ecke, um den Tampen des Segelgarns festzusetzen. Dann nähe vorwärts um den ganzen Patsch herum, wobei die Nadel abwechselnd in den Patsch und das Tuch greift. Musst du das Arbeitsstück an den Patschecken um 90° drehen, so lasse hierbei *die Nadel im Patsch.*
Bei Kunstfasersegeln ist der Umschlag (»Saum«) des Patschen größer zu machen als der seitliche Ausschlag der Nadel im Zickzackstich. Bei Kunstfasersegeln darf der Zickzackstich den Umschlag *nicht* verlassen, andernfalls entstehen Falten.

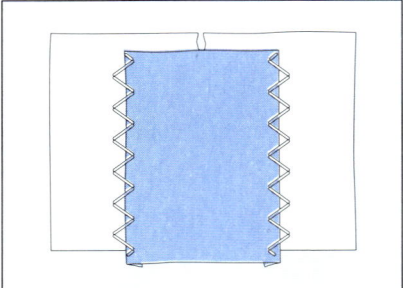

Abb. 36

(3) Bist du am Ausgangspunkt angekommen, so lasse das Arbeitsstück wieder einige Stiche rückwärts laufen, um auch den zweiten Tampen des Segelgarns festzusetzen.

(4) Drehe das ganze Arbeitsstück um und vernähe den Riss auf der Rückseite nach der Anleitung »Reparatur kurzer, glatter Risse« (S. 62), wodurch die Risskanten am Patsch angenäht werden.

Einsetzen eines Flickens

Ist das Segel noch nicht sehr rott oder ist ein ganzes Stück aus dem Segel herausgerissen, so verfahre zunächst wie unter »Aufsetzen eines Patschen«, Schritte 1-3 (S. 63) beschrieben. Dann aber vernähe nicht die Risskanten, sondern schneide unter dem Flicken so viel Segeltuch heraus, dass du noch einen einfachen Saum unter den Flicken legen kannst. Diesen vernähe wieder von der Rückseite des Segels, wobei die Nadel abwechselnd in den Saum und den Flicken sticht (nicht bei Kunststoffsegeln; vgl. »Aufsetzen eines Patschen«, Schritt 2 auf S. 63).

25. Annähen eines Liektaues

(1) Nimm gutes Takelgarn und nimm es doppelt, falls es zu schwach ist. Wachse es reichlich, indem du es mehrfach über die Kante eines Stückes Schusterwachses ziehst. Nimmst du das Garn doppelt, so drehe es nach

dem Wachsen zusammen und wachse noch einmal nach. Reibe das Wachs gut in das Garn hinein.

(2)   Nimm einen *Segelmacherhandschuh* (Nr. 26) und eine dreikantige Segelnadel und nähe mit einfachen Rundstichen durch den Saum des Segels und das Liektau; stich aber nicht durch die Kardeele, sondern fahre zwischen dem auf dem Segelsaum aufliegenden Kardeel und den anderen Kardeelen hindurch.

Das Liektau liegt auf der Backbordseite des Segels und steht mit etwa 1/3 seines Durchmessers über die Segelkante über.

26. Der Segelmacherhandschuh (Abb. 37)

Der »Fingerhut« des Segelmachers.

Der Segelmacherhandschuh ist ein breiter Lederstreifen, der über die Hand gestülpt wird und der einen gesonderten Ansatz für den Daumen hat. Die Weite ist durch ein Schnürband zu verstellen. An der Stelle der Daumenmaus ist eine geriffelte Platte aus Metall angebracht, mit der man die Segelnadel durch das Tuch drückt.

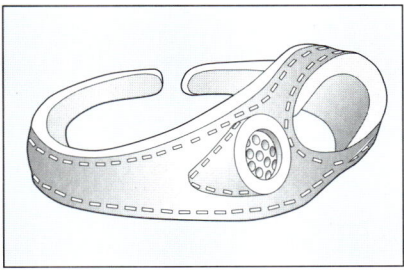

Abb. 37

Aufschießen von Enden

Es ist von größter Wichtigkeit, dass jedes Ende, das du benötigst, sofort klarliegt. Deshalb schieße jedes Ende und jeden Tampen, sobald du nicht mehr mit ihm arbeitest, sofort zu einem ordentlichen Bunsch auf! Unklare Enden sind schwierig zu entwirren. Ist dir ein Ende unklar gekommen, so stecke niemals einen Tampen oder eine Bucht durch andere Buchten oder Kinken, denn dann entstehen Knoten, die das Entwirren noch weiter erschweren; suche dir einen Tampen, und ziehe ihn Part für Part aus den Kinken heraus, bis das ganze Ende klar ist.

27. Aufschießen loser Enden (Abb. 38)

(1) Lege das Ende so in die linke Hand, dass (bei rechts geschlagenem Tauwerk) der Tampen zu dir zeigt und halb so lang herunterhängt, wie der Bunsch groß werden soll.

(2) Lege (bei rechts geschlagenem Tauwerk) mit der rechten Hand *im Uhrzeigersinn* das Ende Bucht für Bucht in die linke und drehe das Ende bei jedem Legen zwischen Daumen und Zeigefinger der rechten Hand einen halben Schlag im Uhrzeigersinn ein, sodass sich die Buchten willig und ohne Kinken aufeinander legen. Lasse beim Ausholen das Ende durch die rechte Hand gleiten und merke dir beim ersten Ausholen die Größe der Bewegung; wiederholst du diese Bewegung in immer gleicher Größe, so werden die Buchten des Bunsches genau gleich groß.

(3) Bevor das Ende ganz aufgeschossen ist, fahre von oben, also von der linken Hand kommend, mit dem Ende um den ganzen Bunsch herum, wobei
aus diesem Rundtörn oben etwa 1/3 des Bunsches herausragen soll; den
Rundtörn legst du außerdem nach *oben*, sodass er sich selbst bekneift.
(In Abb. 38 sind wegen der besseren Anschaulichkeit jeweils nur 2 Buchten des Bunsches gezeichnet.) Lege einige weitere Rundtörns, ebenfalls
von unten nach oben und dicht bei dicht, um das aufgeschossene Ende.

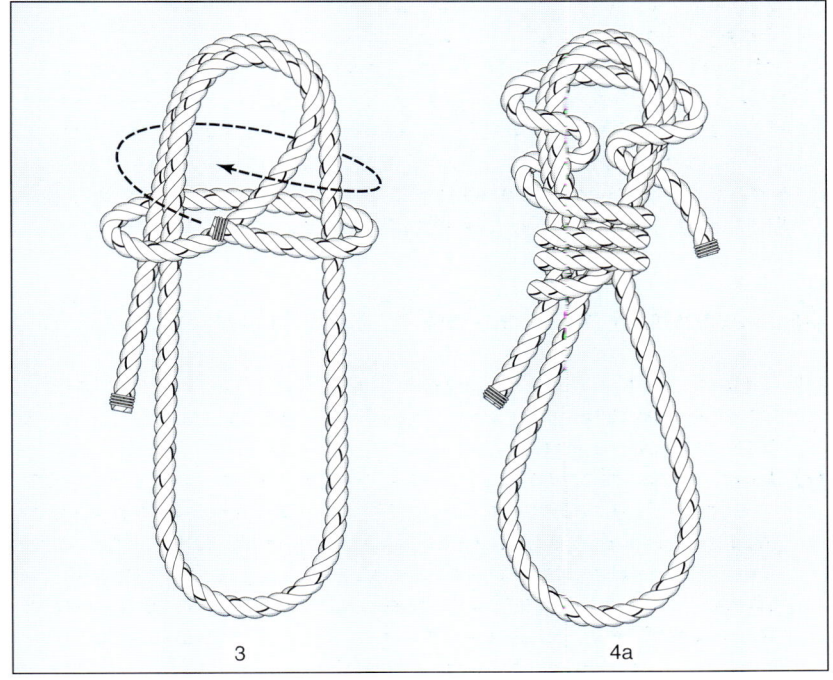

3   4a

Abb. 38

(4) a) *Wird der Bunsch lose aufbewahrt,* so sicherst du ihn durch *Kopfschlag.* Der Kopfschlag ist ein Auge, dessen Tampen durch die feste Part des Auges bekniffen wird.

In diesem Falle handelt es sich um je einen Kopfschlag auf jeder Part des Bunsches.

Hole eine Bucht des Tampens durch die oberen Buchten des Bunsches und stülpe die durchgeholte Bucht von oben über den Bunsch; lege diese Bucht dicht an die anderen Rundtörns und hole den Tampen steif.

   b) *Soll der Bunsch aufgehängt werden,* so hole den Tampen ganz durch die oberen Buchten des Bunsches und stecke ihn mit einem Webeleinenstek (Nr. 41, S. 83) an den Tauhaken oder dergleichen an.

28. Aufschießen von Tampen

Ist ein Tampen auf einer Seite fest, so wird er von dem *Festpunkt zum losen Tampen* aufgeschossen, andernfalls bilden sich, da sich die feste Part nicht austörnen kann, Kinken, die das Ende unklar machen.

Beginne in einiger Entfernung von dem festen Punkt (Klampe, Koffeynagel oder dergleichen) wie unter Nr. 27, Schritt 1–3 (S. 66/67) beschrieben.

Der Bunsch kann an der Klampe nicht frei hängen

Hole eine Bucht der *festen* Part (zwischen Klampe und Bunsch) durch die oberen Buchten des Bunsches und sichere den Bunsch durch Kopfschlag (vgl. Schritt 4a) oben).

Der Bunsch kann an der Klampe frei hängen

Hole eine Bucht der *festen* Part (zwischen Klampe und Bunsch) durch die oberen Buchten des Bunsches und lege diese einfach über die Klampe, sodass der Bunsch an ihr hängt.

Man vermeidet Kopfschläge nach Möglichkeit, da nassgewordene Kopfschläge manchmal nur schwer zu lösen sind.

Belegen von Enden

Das Ende muß immer so zur Klampe oder zum Koffeynagel fahren, dass es sich mit seinem ersten Rundtörn nicht selbst bekneift (Abb. 39).

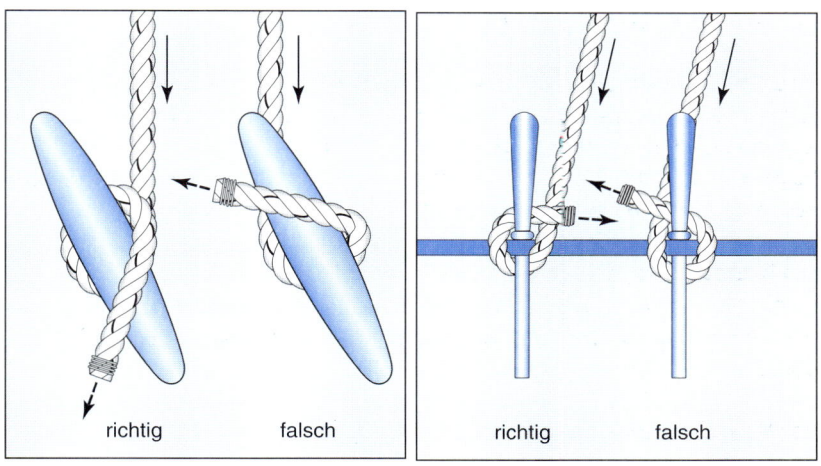

richtig   falsch   richtig   falsch

Abb. 39

Es würde sich sonst bei Nasswerden so bekneifen, dass es nur sehr schwer loszuwerfen wäre!

29. Belegen von Fallen (Abb. 40)

(1) Fahre entsprechend der Vorbemerkung (S. 69) einen Rundtörn um die Klampe oder den Koffeynagel und lasse einige Kreuzschläge folgen.

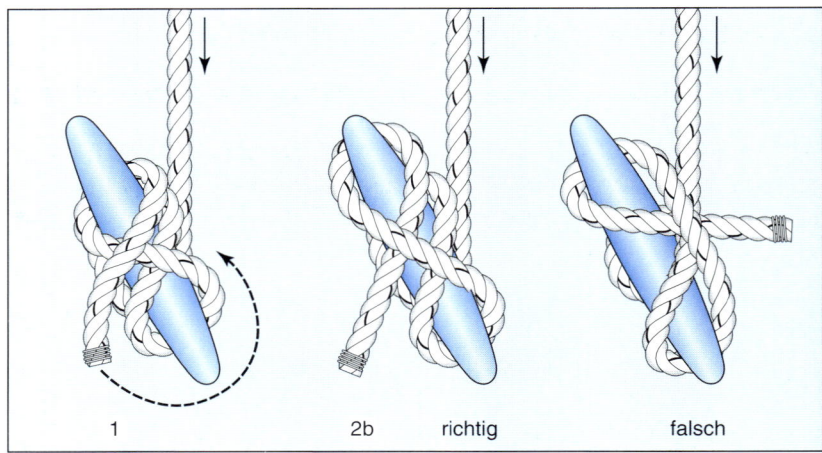

1   2b   richtig   falsch

Abb. 40

(2) a) *Kann der Bunsch frei hängen,* so lege die Bucht der festen Part des Endes, die du durch die oberen Buchten des Bunsches geholt hast, über die Klampe. Die Kreuzschläge nehmen die gesamte auf dem Ende stehende Kraft auf, und das Gewicht des Bunsches genügt, um die Kreuzschläge ausreichend zu sichern.

b) *Kann der Bunsch nicht frei hängen,* so setze über die Kreuzschläge einen *Kopfschlag.*

Die bekniffene (unten liegende) Part des Kopfschlages muss parallel zum vorletzten Kreuzschlag fahren, andernfalls hast du das Auge im falschen Drehsinn gelegt und musst es um 3-mal 180° zurückdrehen (vgl. 40, 2b). Der Kopfschlag darf niemals steifgeholt werden! Er wäre nicht mehr zu lösen, wenn er nass geworden ist.

Es ist auch nicht erforderlich, den Kopfschlag steifzuholen, denn die Kreuzschläge nehmen alle auf dem Ende stehende Kraft auf, und der Kopfschlag dient nur zur Sicherung des letzten Kreuzschlages, auf dem schon keine Kraft mehr steht.

30. Belegen von Schoten (Abb. 41)

Schoten dürfen auf Jollen niemals und auf Yachten niemals mit Kopfschlag belegt werden!
Eine Schot muss ständig klar zum Loswerfen sein, und die Möglichkeit des schnellen Fierens darf durch einen Kopfschlag nicht beeinträchtigt werden.
(1)   Fahre, wie zuvor beschrieben, unter und in Kreuzschlägen um die Klampe.

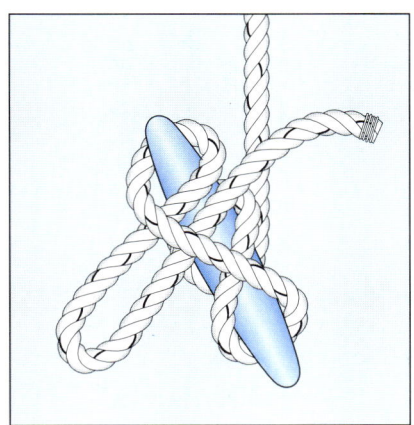

Abb. 41

(2)   Fahre noch einige Rundtörns um die Klampe und lasse den Tampen so binnenbords liegen, dass er aus dem Wege ist. Der Tampen einer Schot wird niemals zu einem Bunsch aufgeschossen! Ist der Tampen so lang, dass es schwierig erscheint, ihn klarzubehalten, so schieße ihn in Buchten auf und lege ihn neben dich auf die Ducht, bei Jollen klar von den Beinen auf die Bodenbretter.

(3) Genügen diese Rundtörns nicht, um ein Durchslippen der Kreuzschläge zu verhindern, so sichere die Kreuzschläge durch einen *Slipstek*.
Der Slipstek ist eine gefahrlose Art des Kopfschlages und lässt sich jederzeit loswerfen.
Fahre nach dem letzten Kreuzschlag mit einer Bucht der losen Part des Tampens *unter* diesen letzten Kreuzschlag. Durch Holen des Tampens ist der Slipstek leicht und sicher loszuwerfen.

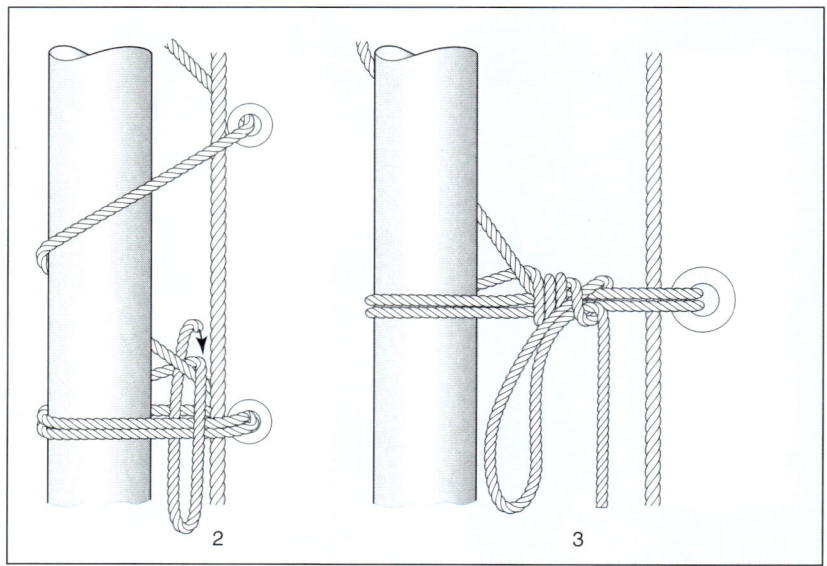

2   3

Abb. 42

31. Belegen der Reihleine (Abb. 42)

(1) Die Reihleine ist in das oberste Gattchen des Vorlieks eingespleißt. Schere sie während des Vorheißens des Segels in gleichbleibendem Drehsinn

abwechselnd um den Mast und durch das nächste Gattchen, wobei sie so zu holen ist, dass das Vorliek des Segels parallel zum Mast verläuft.

(2) Vom letzten Gattchen fährst du um den Mast zurück durch dasselbe Gattchen und nochmals um den Mast. Dann fährst du über die von oben kommende Part der Reihleine (also über 5 Parten!) zwischen Segel und Mast hindurch und von unten durch die Rundtörns, die um den Mast und durch die Gattchen fahren; dann legst du einige Rundtörns darum.

(3) Stecke unter den letzten Rundtörn einen *Slipstek* (S. 72, Schritt 3) und hole ihn steif.

32. Belegen von Ketten auf Pollern s. Nr. 45, S. 93.

Gebrauchsknoten und -steke

Die richtig ausgeführten seemännischen Knoten und Steke haben die Eigenschaft zu halten, solange sie halten sollen, und sich durch Aufbrechen ihrer letzten Bucht verhältnismäßig leicht lösen zu lassen, wenn sie ihren Zweck erfüllt haben.

Nicht jeder Knoten ist für jeden Zweck geeignet. Es ist deshalb notwendig, die bei jedem Knoten über seine Verwendung gemachten Angaben zu beachten. Beachte auch, dass nachstehend einige Knoten aufgeführt sind, die nicht angewendet werden dürfen (sie wurden nur erklärt, damit man sie vermeiden kann).

Verbinden zweier Enden

33. Altweiberknoten (Abb. 43)
Verwendung: Nie und nirgends!

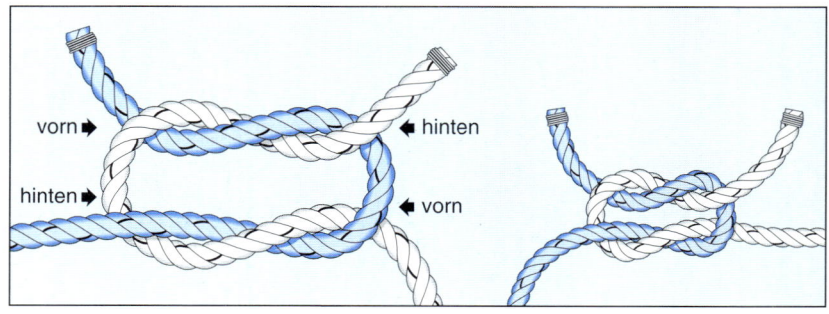

vorn ➤

hinten ➤

◄ hinten

◄ vorn

Abb. 43

Dieser Knoten slippt bei stärkerem Tauwerk durch oder löst sich, wenn Kraft auf ihn zu stehen kommt, und bei dünnem Gut bekneift er sich so, dass er nicht mehr zu lösen ist.

Dieser Knoten wird von Nichtseglern gewöhnlich z. B. zum Verschnüren von Paketen benutzt. Er besteht aus zwei übereinander l egenden Überhandknoten, deren Parten nicht symmetrisch aus der Bucht des anderen Tampens fahren; die Bucht liegt jeweils bei der einen Part vorn und bei der anderen hinten.

34. Kreuzknoten (Abb. 44)

Zum Verbinden zweier gleich starker Enden.

(1) Schlage einen *Überhandknoten* (Nr. 7, Schritt 1, S. 33) und über diesen einen zweiten, wobei du genau darauf achtest, dass der Tampen, der von dir ausgesehen *hinter* der festen Part liegt, auch *hinter* den Tampen zu liegen kommt, mit dem er den Knoten schlägt.

(2) Hole den Knoten steif.

    Beachte: Der Knoten muss symmetrisch sein, das heißt, die Parten jedes Tampens müssen nebeneinander und auf derselben Seite aus der Bucht des anderen Tampens fahren. Dies ist die richtige Form zu dem falschen *Altweiberknoten* (Nr. 33).

    Bei synthetischem Gut lasse die beiden Tampen mindestens 15 cm aus

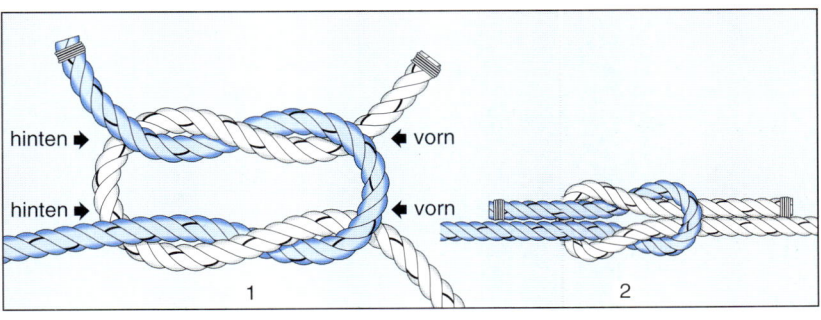

hinten ➡   ⬅ vorn

hinten ➡   ⬅ vorn

1   2

Abb. 44 (1) und (2)

dem Knoten herausstehen und überzeuge dich, ob der Knoten hält. Tut er das nicht, so schlage ihn neu und schlage hierbei mit dem einen Tampen einen zweiten Törn um den anderen, worauf der zweite Überhandknoten geschlagen wird, wie zuvor beschrieben [Abb. 44 (3)].

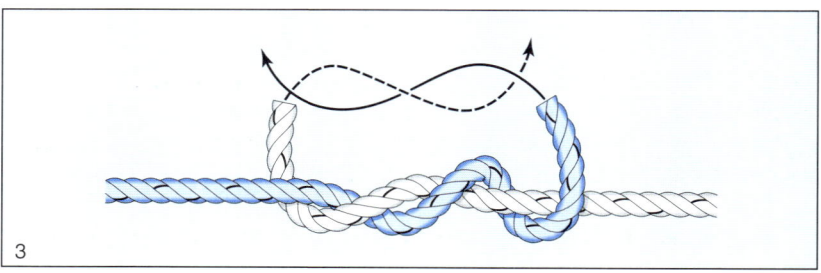

Abb. 44 (3)

35. Kreuzknoten mit Slipstek (Abb. 45)
In dünnem Bändselgut, wie an den Lattentaschen, bei den Zeisingen zum Beschlagen der Segel usw.

Schlage einen *Überhandknoten* (Nr. 7, Schritt 1, S. 33), lege in den rechten Tampen eine Bucht, die über den Überhandknoten zu liegen kommt und nach rechts

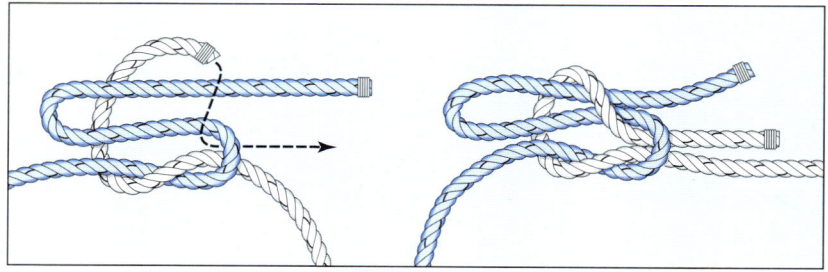

Abb. 45

offen ist; schlage mit dem linken Tampen um diese Bucht den zweiten Überhandknoten und achte darauf, dass dieser Tampen nach Art des Kreuzknotens
und nicht des Altweiberknotens fährt.

36. Schuhbandschleife (Abb. 46)
Sicheres Binden der Schuhbänder.

Dieser Knoten ist kein seemännischer Knoten. Da aber offene Schuhbänder die
ernste Gefahr des Überbordgehens mit sich bringen und auch bei dem hier
beschriebenen Knoten der Unterschied zwischen Kreuzknoten und Altweiber-
knoten wesentlich ist, wurde er aufgenommen.

(1) Schlage einen Überhandknoten. Lege in den rechten Tampen eine Bucht
     und schlage mit einer Bucht des linken Tampens den zweiten Überhand-
     knoten nach Art des Kreuzknotens, ohne den zweiten Überhandknoten
     steifzuholen.
(2) Fahre mit dieser letzten Bucht noch einen Rundtörn um die zuerst gelegte
     Bucht des rechten Tampens. Ist das Schuhband hierzu zu kurz, so schlage

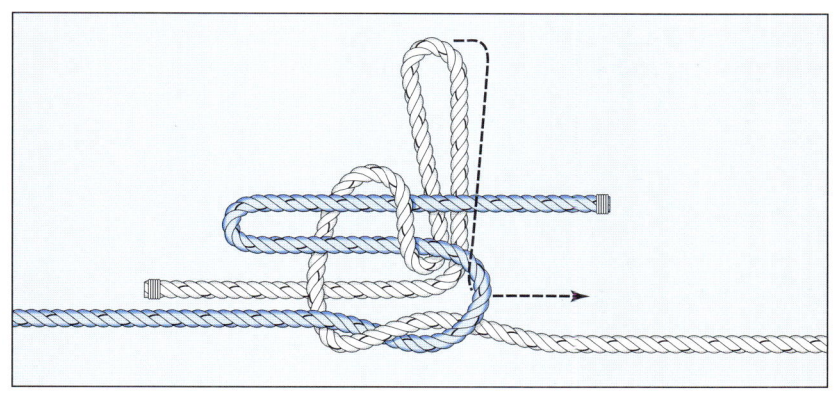

Abb. 46

einen *Kreuzknoten mit Slipstek* (Nr. 35) und umfahre dann die zuerst gelegte Bucht des rechten Tampens nochmals mit einer Bucht des linken Tampens.

(3) Hole den Knoten steif, indem du die beiden Buchten, also alle 4 Parten gleichzeitig anziehst.

37. Rauschknoten (Abb. 47)

Es ist ein »Scherzknoten«, der langsam, aber sicher durchslippt, wenn Kraft auf ihn zu stehen kommt.

Er wird hier beschrieben, weil man sein Prinzip kennen muss, um den Schotstek (Nr. 38) nicht versehentlich als Rauschknoten zu stecken.

Lege in den linken Tampen eine Bucht und fahre mit dem rechten von unten in die Bucht, dann über die *lose* Part der Bucht, rund um die Bucht und von oben in die Bucht hinein.

Der Knoten sieht für den Laien wie ein vorschriftsmäßiger Kreuzknoten aus. Bei genauer Betrachtung erkennst du aber, dass bei dem richtigen Kreuzknoten die beiden Tampen auf *derselben* Seite des Knotens liegen, bei dem Rausch-

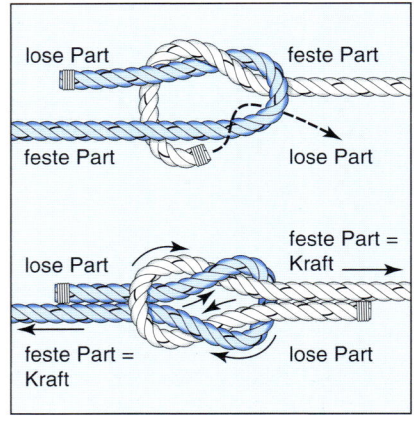

Abb. 47

knoten aber auf verschiedenen. Wenn du dir vorstellst wie die Kraft in den beiden Knoten wirkt, so erkennst du, dass im Kreuzknoten die beiden festen Parten miteinander verschlungen sind, sodass bei Nachgeben des Knotens der Knoten *dichter* geholt wird. Bei dem Rauschknoten ist aber je eine feste Part mit der losen Part des anderen Tampens verschlungen, wobei der Tampen aus dem Knoten herausgeschoben wird, wenn Kraft auf das Ende zu stehen kommt.

38. Schotsteke

Zum Verbinden zweier verschieden starker Enden, jedoch sollte in der Praxis nur der doppelte Schotstek (S. 80) benutzt werden. Bei synthetischem Tauwerk ist der einfache Schotstek sogar unbrauchbar.

Einfacher Schotstek (Abb. 48)

(1) Nimm das *stärkere* Ende in die linke Hand und lege in den Tampen eine Bucht, deren lose Part zu dir hin liegt.

Fahre mit dem Tampen des schwächeren Endes von unten in die Bucht, über die *feste* Part der Bucht (sonst gibt es einen Rauschknoten!) und rund um die Bucht herum.

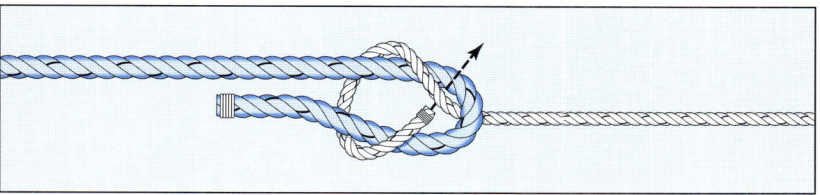

Abb. 48 (1)

Durch einen als Rauschknoten gesteckten Schotstek wude schon mancher Anker verloren!

(2) Fahre mit dem Tampen des schwachen Endes weiter zwischen seiner eigenen festen Part und dem zuerst gelegten Auge hindurch, sodass

79

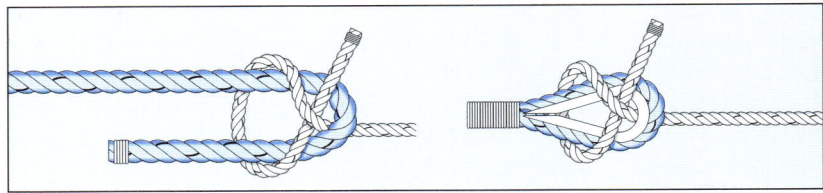

Abb. 48 (2)

- der Tampen durch seine eigene feste Part bekniffen wird,
- die feste Part die Bucht so verriegelt, dass der Tampen nicht über die Bucht hinausslippen kann.

Doppelter Schotstek (Abb. 49)
Verfahre wie bei dem einfachen Schotstek, fahre aber, bevor du den Stek steifholst, mit dem durchgesteckten Tampen nochmals um die Bucht des stärkeren Endes und stecke ihn nochmals unter der festen Part des schwächeren Endes durch, sodass zwei Törns um die Bucht liegen.

Abb. 49

39. Stopperstek (Abb. 50)
Zum Anstecken eines Tampens an ein laufendes Ende (das heißt nicht am Tampen des anderen Endes) wie z. B. beim Abstoppen eines gebrochenen Falls während des Spleißens bei vorgeheißtem Segel, zum Anstecken eines Taljesterts oder zum Anstecken der Vorleine auf eine Schlepptrosse usw.

Das anzusteckende Ende soll schwächer sein als das laufende. Der Stopperstek bekneift sich auf dem stärkeren Ende, solange Kraft auf ihm steht, lässt
sich aber mit der Hand nach beiden Seiten verschieben, wenn er entlastet ist.
Wir nehmen an, dass wir unsere Vorleine auf eine Schlepptrosse stecken wollen, während der Schlepper Fahrt voraus macht, sodass also Kraft auf der
Trosse steht. Dein Vorschiffsmann hat die Trosse aufgepickt, und dein Boot wird
somit schon geschleppt. Beachte, wie die Trosse fährt: zu Steuerbord oder zu
Backbord von deinem Boot.

(1)   Lege mit deinem Festmacher ein Auge um die Trosse, dessen lose Part
      von dir weg weist und – in Fahrtrichtung gesehen – hinter der festen Part
      des Auges fährt. Hältst du den Tampen steif von dir weg, so bekneift er die
      feste Part auf der Trosse, und dein Boot ist zunächst fest.

(2)   Fahre einen Rundtörn um die Trosse, der zwischen das erste Auge und
      die feste Part deines Festmachers zu liegen kommt. Hierbei kommt dein
      Festmacher auf der Trosse nochmals einen Augenblick lose, und du musst
      achtgeben, dass dir die Trosse nicht davonrauscht.

(3)   Lege, in Fahrtrichtung gesehen, vor den bisher geschlungenen Stek noch-
      mals einen Rundtörn, bei dem du den Tampen unter dem Törn durchsteckst
      (Kopfschlag!).

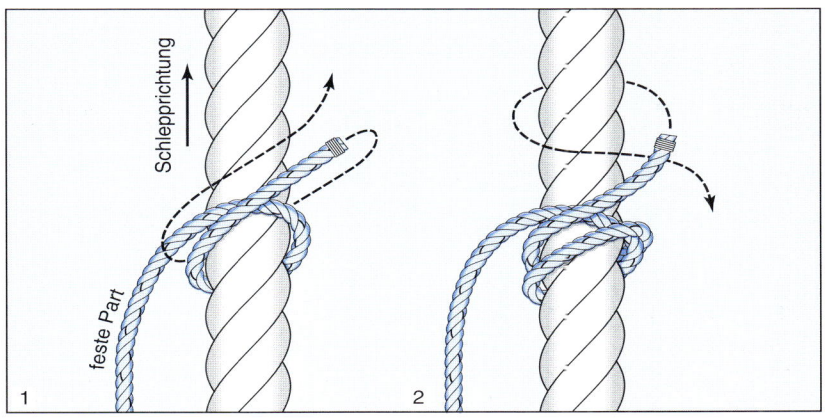

Abb. 50 (1) und (2) Trosse zu Steuerbord

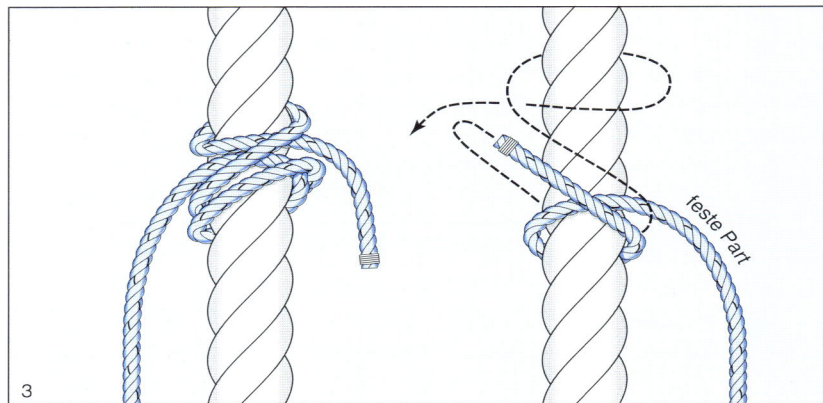

3

Abb. 50 (3) Trosse zu Stb; rechts: Trosse zu Bb

Der Stopperstek ist ein *Webeleinenstek* (Nr. 41), bei dem das untere Auge zweimal übereinander gefahren wird.

40. Trossenstek (Abb. 51)
Zum Verbinden zweier Trossen, die zu wenig lehnig sind, als dass sie durch die zuvor beschriebenen Knoten und Steke verbunden werden könnten.

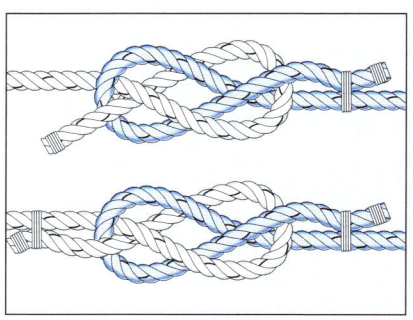

Abb. 51

(1) Lege in den Tampen der einen Trosse ein Auge und lasse dieses so überschneiden, dass eine 8-ähnliche Figur entsteht. Setze ein Bändsel auf (Nr. 19, S. 54).

(2) Fahre mit dem Tampen der anderen Trosse so durch die 8-ähnliche Figur, dass um 90° verdreht dieselbe Figur entsteht, und setze auch hier den Tampen mit einem Bändsel fest.

Festmachesteke

41. Webeleinenstek*
Zum Belegen von Festmachern auf Pollern, an der Reling einer Pier usw.; darüber hinaus Anstecken eines Endes an jedem festen Gegenstand, soweit nicht nachstehend ein anderer Knoten genannt ist.

Festmachen auf einem Poller (Abb. 52)

(1) Erfasse das Ende mit beiden Händen. Tampen etwa 1–2 m *rechts* von dir, beide Handrücken nach oben, Hände etwas über Schulterbreite ausein-

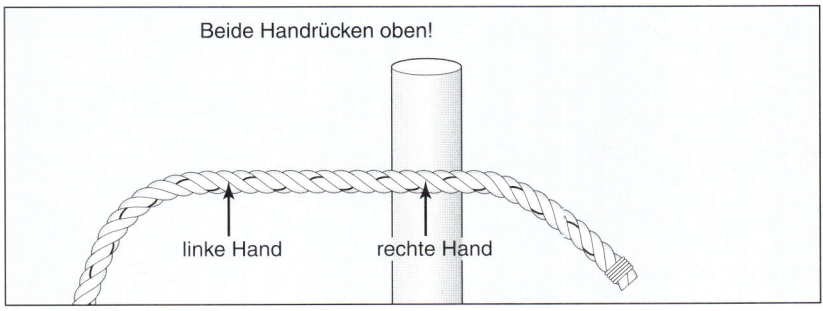

Beide Handrücken oben!

linke Hand   rechte Hand

Abb. 52 (1)

---

* Auf den großen Seglern sind die Wanten als »Strickleitern« ausgebildet; die »Sprossen«, als sie noch aus Tauwerk bestanden, hießen Webeleinen und waren mit dem nach ihnen benannten Stek an den Wanten angesteckt.

ander, die rechte Hand vor dem Poller, etwa 20 cm von diesem entfernt. (Abb. 52 [1], S. 83)

(2) Drehe die linke Hand um 90°, sodass der Daumen nach oben zu liegen kommt, und fahre mit ihr *in rundem Bogen dicht über den Poller hinweg* auf den Rücken der rechten Hand, sodass auch ihr Handrücken wieder oben liegt.

Bei dieser Bewegung entsteht ein Auge, das sich von selbst über den Poller legt.

(3) Lasse mit der linken Hand den Tampen los und ergreife, während die rechte

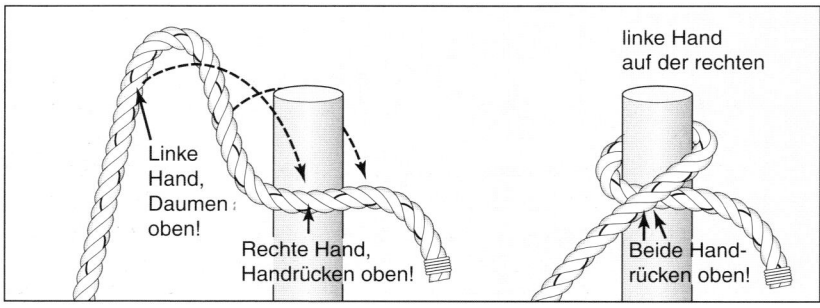

Abb. 52 (2)

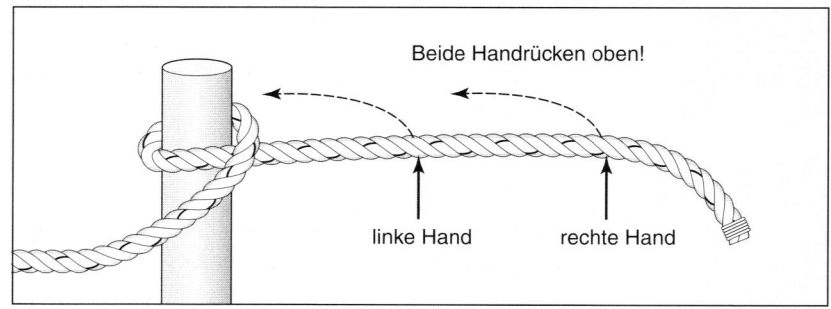

Abb. 52 (3)

Abb. 52 (4)

Hand ohne loszulassen auf dem Ende um Schulterbreite nach rechts fährt, das Ende mit der linken Hand an der Stelle, an der bis jetzt die rechte Hand war.

(4) Bringe, ohne die Hände loszulassen, den Tampen so weit nach links, dass wiederum die rechte Hand vor dem Poller steht; hebe die Hände aber so weit an, dass der Tampen von dem um den Poller liegenden Auge aus nach *oben* verläuft, und wiederhole nochmals dieselbe Bewegung (2).

Es legt sich ein zweites Auge über das erste, und die beiden Parten des Endes liegen zwischen ihnen, sodass sie bekniffen werden.

Nach einiger Übung schleifen sich die Bewegungen so ab, dass sie pausenlos ineinander übergehen und die Einhaltung der einzelnen Phasen sich erübrigt. Man wirft dann einfach 2 Augen über den Poller.

(5)   Bei synthetischem Tauwerk stecke mit dem losen Tampen noch *zwei halbe Schläge* um die feste Part (vgl. Nr. 42, S. 87).

Festmachen an einer Reling usw. (Abb. 53)

(1) Fahre um den Pfahl oder Balken einen Rundtörn (bei senkrechtem Pfahl *lose Part unter* der festen!), bei synthetischem Gut zwei Rundtörns, die sich bekneifen.

(2) Fahre im gleichen Drehsinn *über* diesem Rundtörn (bei synthetischem Gut

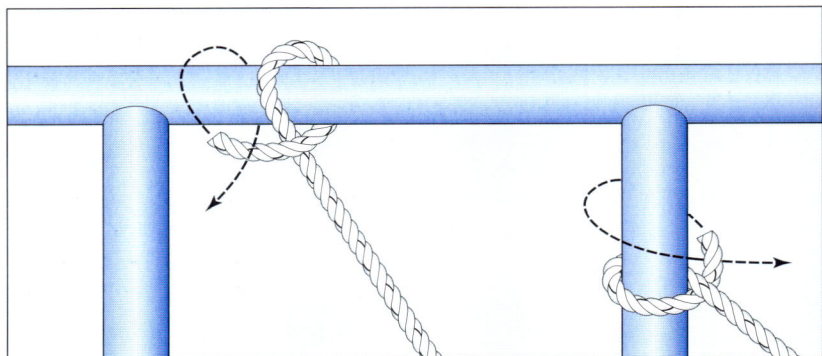

Abb. 53

über beiden Rundtörns) einen zweiten (bei synthetischem Gut einen dritten), wobei du den Tampen *unter* seine eigene feste Part steckst (Kopfschlag).

Legen des Webeleinensteks in der Hand (Abb. 54)
(1) Fasse das Ende, Tampen rechts, mit beiden Händen, Handrücken oben und die Hände schulterbreit auseinander.
(2) Bringe die rechte Hand unter die linke und drehe sie dabei so, dass ihr Handrücken nach unten und das entstehende Auge von dir weg zu liegen kommt; bekneife den Schnittpunkt der Parten mit den Fingern der linken Hand.

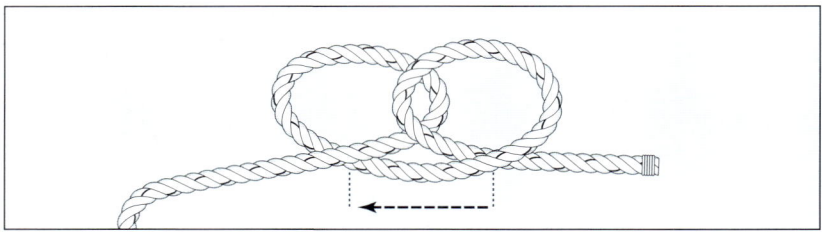

Abb. 54

(3)   Lasse die rechte Hand los, erfasse den Tampen wieder mit dem Handrücken nach oben in genügender Entfernung von der linken Hand und
lege mit derselben Bewegung der rechten Hand, wie unter 2 beschrieben,
ein zweites Auge, das jedoch *über* das erste zu liegen kommt! Du bringst
deine rechte Hand diesmal so auf die linke, dass ihr Handrücken auf dem
Daumen der linken Hand liegt.

Machst du dein Boot vom Vorschiff aus an einem Poller fest, so wende ausschließlich die Methode *Festmachen auf einem Poller* (S. 83) an! Ein in der Hand
gelegter Webeleinenstek ist meist zu klein oder kommt unklar, bevor er vom
stampfenden Boot aus über den Poller gelegt ist; dann aber treibt dein Boot ab.

42. Rundtörn mit zwei halben Schlägen (Abb. 55)

*Zum Belegen von Festmachern an dünnen Balken, an denen sich ein Webe-
leinenstek zu sehr bekneifen würde, oder zum Anstecken von dünnem Gut,
das sich ebenfalls leicht zu sehr bekneift.*

(1)   Fahre eineinhalb Rundtörns um den Balken.
(2)   Stecke mit der losen Part einen halben Schlag um die feste Part.
(3)   Stecke hinter den ersten halben Schlag einen zweiten im gleichen Drehsinn
und genau gleich dem ersten.

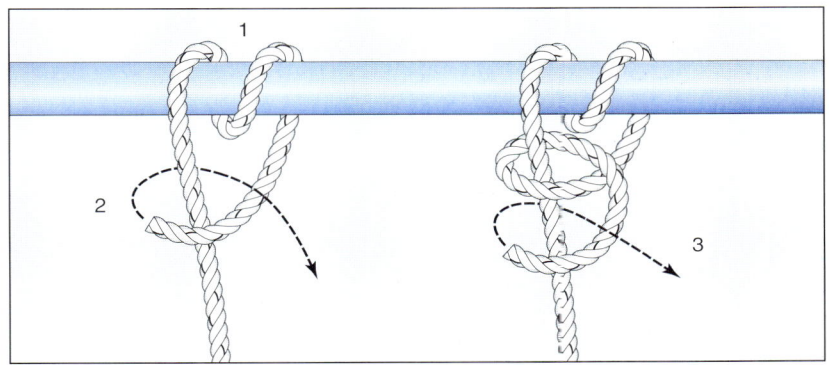

Abb. 55

43. Palsteke

Nicht zuslippendes Auge im Tampen, das zum Festmachen des Bootes über den Poller oder Pfahl (Pall) gelegt wird.

Einfacher Palstek (Abb. 56)

(1) Lege das Ende auf die flache linke Hand, den Tampen auf dich zulaufend, das Ende zwischen Daumen und Zeigefinger herabhängend, alle Finger gespreizt. Der Tampen muss so lang sein, dass die Bucht, die er bilden soll, die gewünschte Größe bekommt.
Erfasse mit der rechten Hand den Tampen am äußersten Ende zwischen Daumen und Zeigefinger, wobei der Handrücken unten liegt und der Tampen so am Zeigefinger entlang läuft, dass er mit der Fingerspitze endet.
Lege den Tampen in der Mitte des Handtellers der linken Hand auf das Ende, sodass er dieses *kreuzt,* und bekneife den Schnittpunkt der Parten mit Daumen (unten!) und Zeigefinger (oben!) der rechten Hand.
Schließe Daumen und kleinen Finger der linken Hand über dem Ende und von dir aus gesehen vor der rechten Hand.

(2) Rolle die rechte Hand um ihre Längsachse von dir weg und drücke gleichzeitig mit dem rechten Zeigefinger den Tampen nach unten, sodass ein Auge entsteht, aus dem der rechte Zeigefinger und der Tampen von unten nach oben herausragen.

(3) Fahre mit dem Tampen *über* den Schnittpunkt der Parten und zwischen den Parten hindurch; dann fahre nach rechts *unter* der unten liegenden Part hindurch und von *oben* wieder zurück in das Auge.

(4) Hole den Stek steif.

Ist das Gut zu stark oder nicht lehnig genug, um den Palstek auf die hier beschriebene Art zu stecken, so lege das Ende auf Deck aus, lege das Auge nach Abb. 56 (2) (lose Part oben!), fahre mit dem Tampen von unten in das Auge, und dann geht es weiter wie zuvor beschrieben.
Man kann jeden Knoten auf verschiedenen Wegen zustande bringen. Die

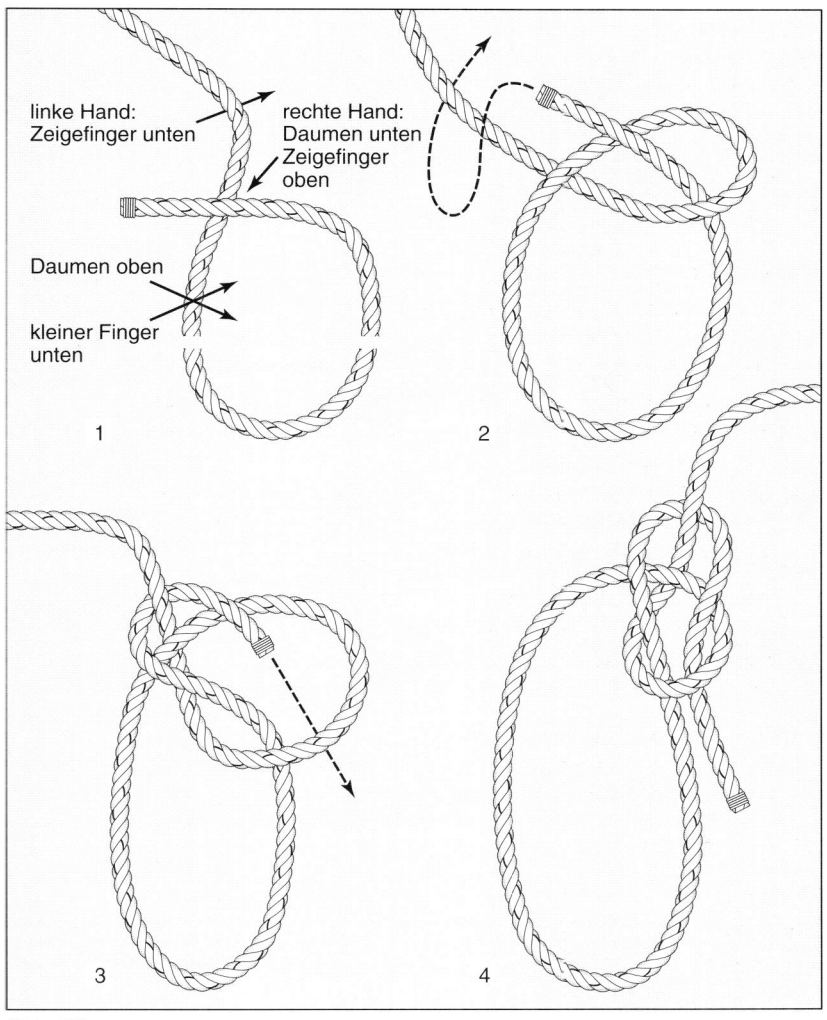

Abb. 56

zuerst beschriebene Art ist die, bei der der Palstek ohne Hinschauen oder Überlegen mit 3 Bewegungen fertig und richtig ist.

Die Bewegung entsprechend Schritt (3) und (4) wird auch so ausgeführt, dass
der Tampen die untere Part von außen nach innen unterfährt; dann aber liegt
der Tampen im Innern der Bucht, schamfilt am Poller und arbeitet sich unter
Umständen sogar los.

Doppelter Palstek (Abb. 57)

Bei starker Beanspruchung des Festmachers (Seegang), zur Sicherung
eines Mannes bei Außenbordsgehen oder (bei Seegang) an Deck (der dop-
pelte Palstek schneidet am Körper weniger ein als der einfache). Zum
Sichern eines Mannes, der in den Mast entert, jedoch nur den Boots-
mannsstuhl (S. 104) verwenden!

(1) Lege in den Tampen eine Bucht, die etwas größer ist, als das gewünschte
Auge des Palsteks werden soll.
Lege handbreit hinter dem Tampen mit beiden Parten der Bucht ein Auge,
dessen lose Part oben liegt.

(2) Fahre mit dem geschlossenen Bogen der Bucht von *unten* durch das Auge,
bis der Bogen etwa handbreit aus dem Auge ragt.
Drücke den Bogen über das Auge auf die beiden Parten der Bucht, die zum
Bogen führen ...

(3) ... und hole diese beiden Parten mitsamt der ganzen Bucht durch den
Bogen; lasse hierbei den Bogen los, sodass er nach unten klappt und sich
oberhalb des Knotens unter die feste Part des Endes legt.

(4) Ordne die doppelt fahrenden Parten, sodass sie parallel liegen, und mache
die beiden Parten der Bucht genau gleich lang, sodass sie bei Belastung
gleichmäßig tragen. Hole den Stek steif.

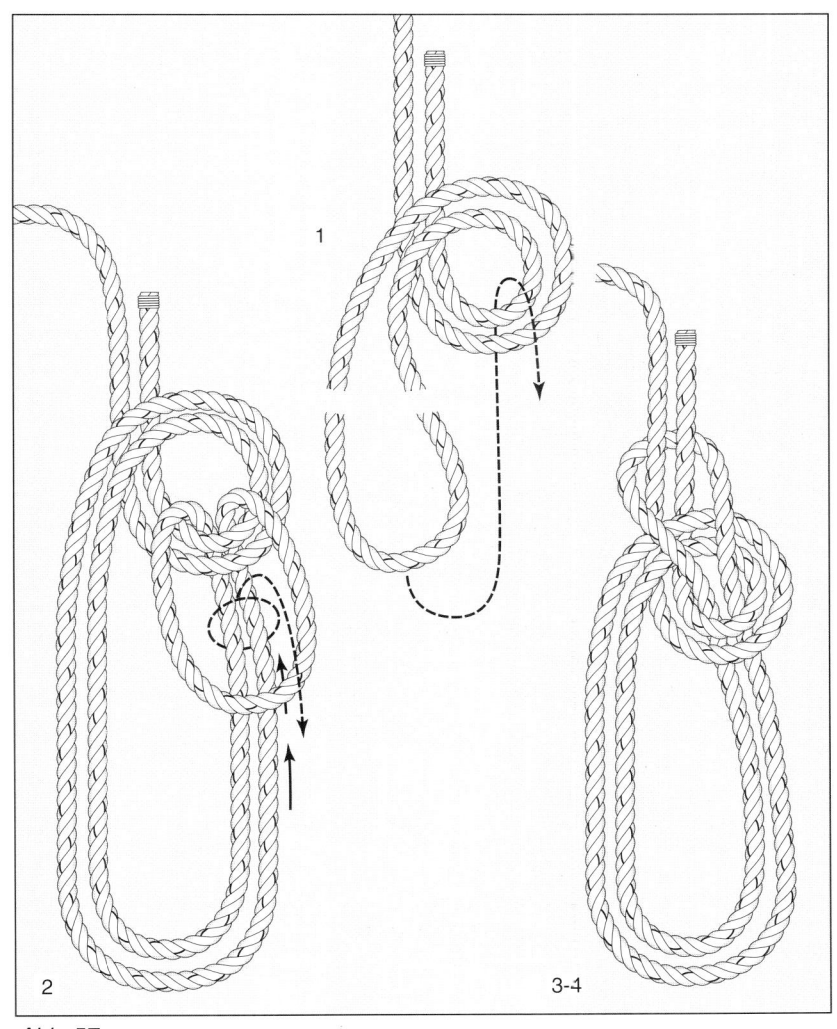

1

2

3-4

Abb. 57

Zwei Augen auf einem Poller (Abb. 58)

Willst du an einem Pfahl festmachen, an dem schon ein anderes Boot mit Palstek oder gespleißtem Auge fest ist, so fahre mit deinem Palstek *von unten* durch das Auge des anderen Festmachers und lege dein Auge dann über seinem auf den Poller.

Es kann dann jeder Festmacher abgenommen werden, ohne durch den anderen behindert zu sein.

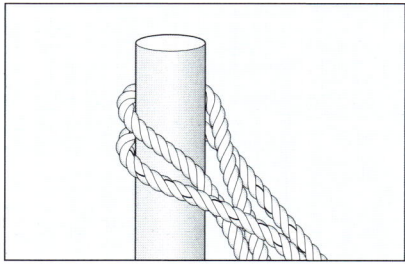

Abb. 58

44. Belegen von Ketten auf Pollern (Abb. 59)

Wird eine Kette (Anker- oder Bojenkette) mit Webeleinenstek auf einem Poller belegt, so setzt sich mit Sicherheit ein Kettenglied des einen Törns zwischen zwei Glieder eines anderen Törns, und der Stek ist nicht mehr zu lösen. Der Webeleinenstek darf bei dem Belegen von Ketten also nicht angewandt werden. Ketten sind wie folgt zu belegen:

(1) Lege mit der *losen* Part der Kette $2^1/_2$ Rundtörns um den Poller und fahre mit einer Bucht der *losen* Part unter der festen Part hindurch (in der Abbildung ist das Belegen statt mit einer Kette mit einer Trosse veranschaulicht, um es deutlicher zu machen).

(2) Lege die Bucht, ohne sie zu einem Auge zu verdrehen, über den Poller.

(3) Fahre mit einer Bucht der losen Part um den Poller herum und wiederum unter der festen Part hindurch (diesmal in entgegengesetzter Richtung zu dem ersten Durchfahren); stülpe auch diese Bucht, ohne sie zu einem Auge zu verdrehen, über den Poller.

Ist der Poller nicht hoch genug, so kann auch das Überstülpen der ersten Bucht genügen; dann entfällt Schritt (3).

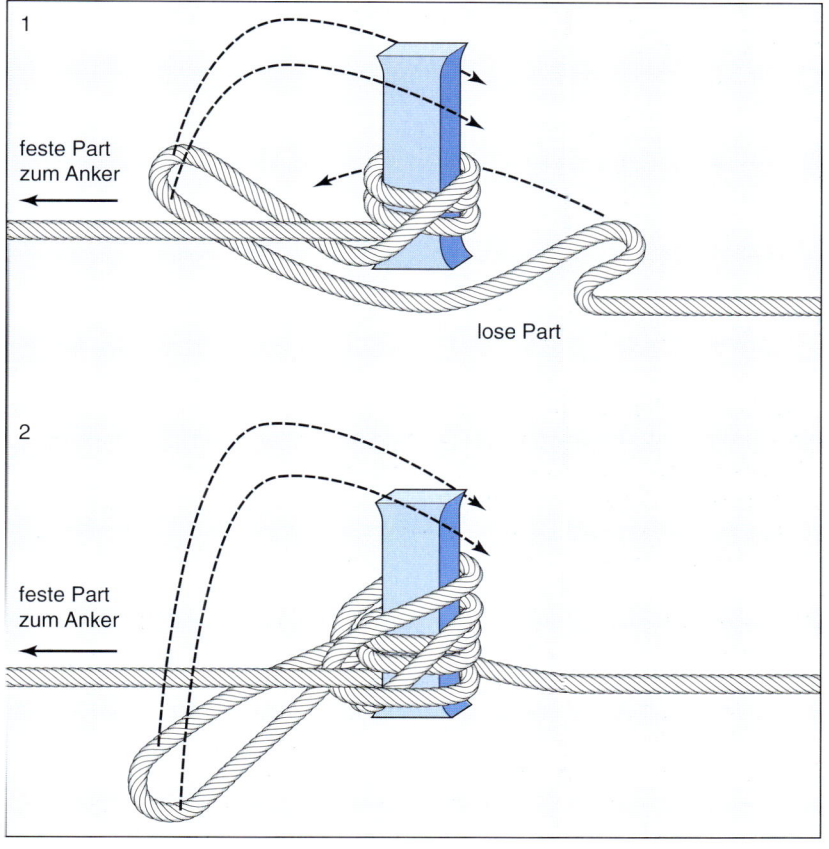

Abb. 59

45. Roringsteke*

Zum Festmachen an einem eisernen Ring, zum Anstecken von Enden an runden Gegenständen, wie Ankerroring usw. In der Praxis sollte, vor allem bei synthetischem Gut, nur der doppelte Roringstek benutzt werden.

Einfacher Roringstek (Abb. 60)

(1) Fahre mit dem Tampen des Festmachers von dir weg in den Ring hinein und lege um den unteren Teil des Ringes einen Rundtörn.

(2) Fahre über die feste Part des Tampens hinweg und durch das Innere der Törns zurück.

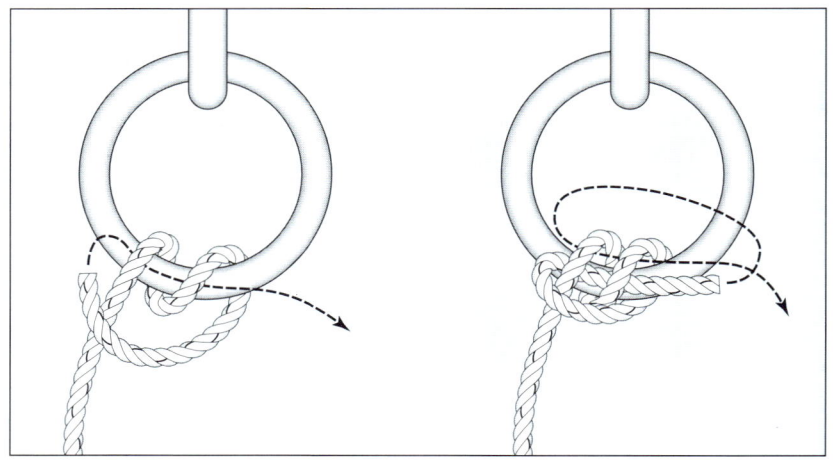

Abb. 60   *Abb. 61*

Doppelter Roringstek (Abb. 61)

(1) Verfahre wie bei dem einfachen Roringstek.

(2) Fahre nochmals in demselben Drehsinn über die beiden im Ring liegenden Törns hinweg und durch die Törns zurück.

---

* Roring: Ring am Ankerschaft zum Anstecken der Ankertrosse oder -kette.

Anstecken von Enden

46. Halber Schlag mit aufgesetztem Bändsel
Zum Anstecken z. B. der Großschot am Schäkel zum Schotring oder Leit-wagenblock.

Ein halber Schlag mit aufgesetztem Bändsel (Abb. 62)
Lege eine Bucht in den Tampen und stecke um ihre feste Part einen halben Schlag.
Setze den Tampen auf der festen Part mit einem Bändsel (Nr. 19, S. 54) fest.

Abb. 62   *Abb. 63*

95

Zwei halbe Schläge mit aufgesetztem Bändsel (Abb. 63)
Verfahre wie beim *halben Schlag* (S.95) ausgeführt und setze hinter den ersten halben Schlag einen zweiten, der genau wie der erste fahren muss. Setze ein Bändsel auf.

47. Roringstek mit aufgesetztem Bändsel
Zum Anstecken eines Endes an einen Ring für längere Dauer, wie Anstecken der Ankertrosse am Roring usw.

Stecke das Ende mit einem einfachen oder doppelten *Roringstek* (Nr. 45, S. 94) an und setze den Tampen mit einem Bändsel (Nr. 19, S. 54) auf der festen Part fest.

48. Die Klinsch (Abb. 64)
Zum Anstecken von Schoten.

Schere die Schot durch das Gattchen oder den Schäkel (bei zweipartigen Schoten hole die Parten gleich lang) und stecke vor das Gattchen oder den Schäkel einen halben Schlag. Den Tampen setzt du mit einem Bändsel (Nr. 19, S. 54) am Schnittpunkt des Auges fest.

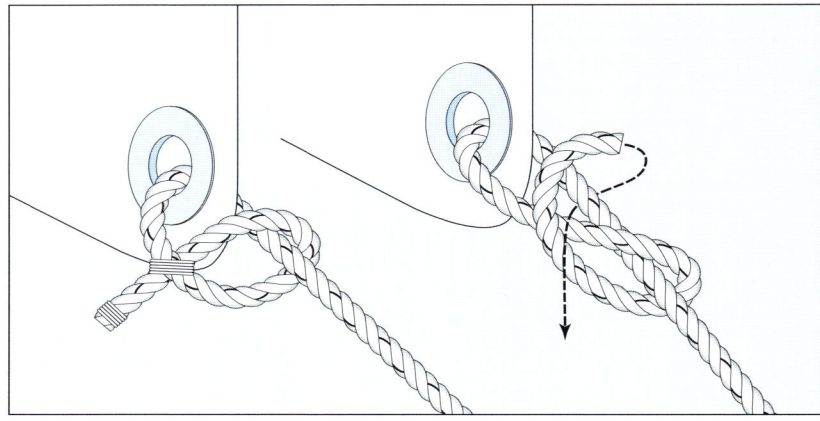

Abb. 64   *Abb. 65*

49. Gordingstek oder Leesegel-Schotstek (Abb. 65)
Zum Anstecken von Schoten für kurze Zeit.

Der Gordingstek hat vor zwei halben Schlägen den Vorteil, dass der Tampen bekniffen wird.

Fahre mit der einen Part der Schot einen Webeleinenstek (Nr. 41, S. 83) um die andere Part.

50. Leesegel-Fallstek (Abb. 66)
Zum Anstecken von Fallen an Spieren, die bis unmittelbar vor das Scheibegatt oder den Block geheißt werden sollen, ohne dass durch einen Spleiß oder Knoten Raum verloren geht. Der Leesegel-Fallstek hat vor dem Webeleinenstek den Vorteil, dass er von dünnen Spieren leichter zu lösen ist.

(1) Lege von unten 11/2 Rundtörns um die Spiere und fahre hinter der festen Part des Falls vorbei.

(2) Fahre auf der Oberkante der Spiere durch die beiden Törns ...

(3) ... und über den zweiten zurück und weiter unter dem ersten hindurch.

Abb. 66

51. Balkenstek oder Zimmermannsstek (Abb. 67)

Zum Anstecken eines Endes an Balken, Spieren, Bretter usw., um sie zu hieven.

Umfahre die Last und die stehende Part, dann törne den Tampen zweimal um die letzte Pant des Auges.

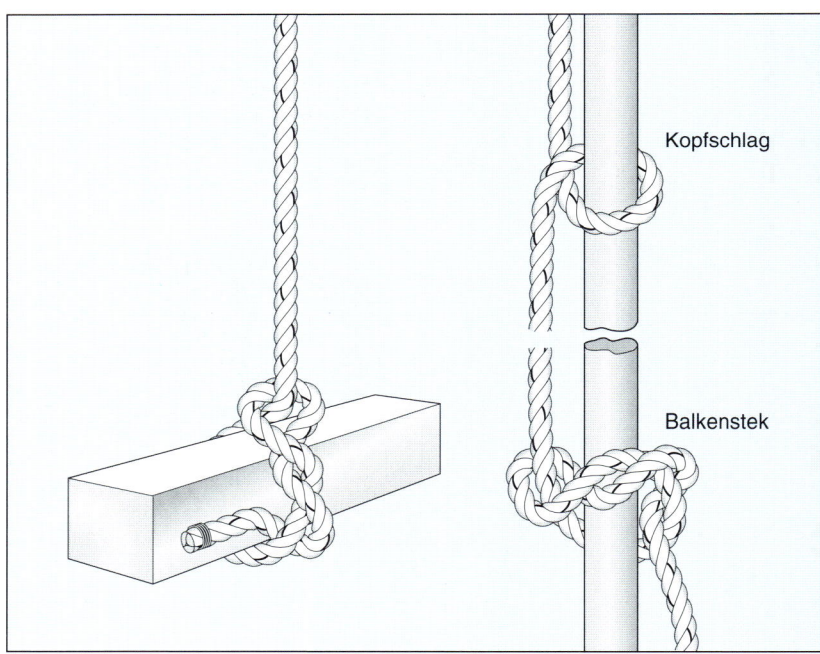

Kopfschlag

Balkenstek

Abb. 67

52. Stellingstek (Abb. 68)

Zum Befestigen einer Stelling (ein an Tauwerk aufgehängtes Brett, auf dem man während der Arbeit stehen kann, z. B. beim Malen der Außenhaut von großen Schiffen).

(1) Lege auf die Mitte des Endes ein schmales Auge, dessen Länge größer ist als die Breite des Stellingbrettes.

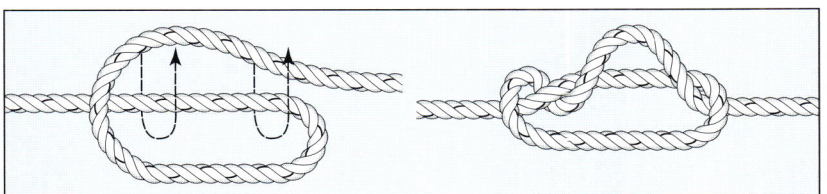

Abb. 68 (1)

Abb. 68 (2)

(2) Hole eine Bucht der außerhalb des Auges liegenden Part von *unten* durch das Auge und schiebe den damit fertigen Stek über das Ende des Brettes, wobei das Auge *unter* und die durchgeholte Bucht *über* das Brett zu liegen kommt. Ein Querbrett, das du zwischen die Parten der Bucht unter das Stellingbrett nagelst, verhindert das Abslippen des Endes.

53. Pützenstek (Abb. 69)

Zum Hieven oder Aufhängen einer Pütz, einer Büchse, eines Fasses oder dergleichen.

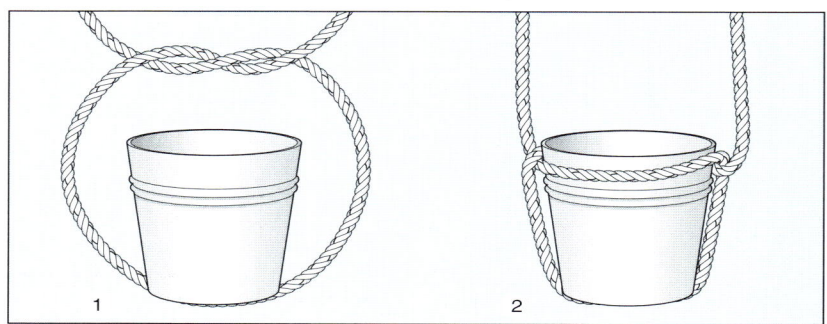

Abb. 69

(1) Stelle die Pütz auf die Mitte des Endes und schlage über ihr einen *Überhandknoten* (S. 32).

(2) Nimm die beiden Parten des Überhandknotens in der Mitte auseinander und lege sie um den oberen Teil der Pütz. Hole die Tampen durch.

54. Hakenschlag (Abb. 70)

Zum Befestigen einer Last am Kranhaken. Der Hakenschlag trägt nur, solange Kraft auf dem Ende steht und wenn der Haken nach hinten genügend gekröpft ist.

Lege oberhalb der Kröpfung des Hakens eine Bucht um den Haken und kreuze die Parten des Endes im Innern des Hakens so, dass der Tampen *unter* die feste Part zu liegen kommt.

55. Kurze Trompete (Abb. 71)

Zum Befestigen einer Last an einem Haken.

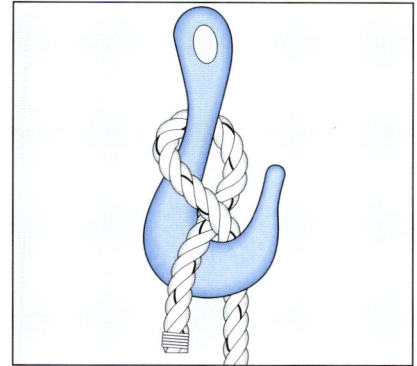

Abb. 70

(1) Lege eine Bucht in das Ende und drücke sie flach, sodass zwei symmetrische, quer zum Ende liegende Buchten entstehen (T-Form).

(2) Rolle diese beiden Buchten 3–4 Umdrehungen in das Ende ein, sodass
sich dieses um die Querbuchten törnt. Stecke die beiden Querbuchten auf
den Haken.

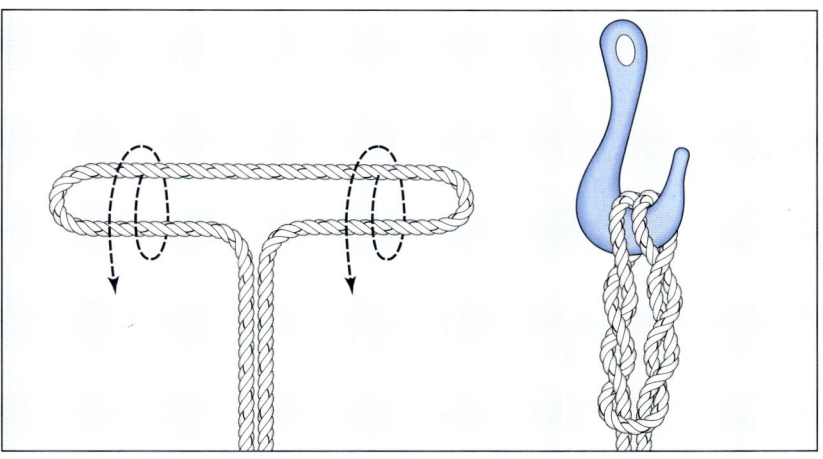

Abb. 71

Knoten im Tampen

56. Achtknoten (Abb. 72)
Verhindert das Ausrauschen eines Endes durch Block oder Leitöse. Der Achtknoten gehört in den Tampen jeder Schot!

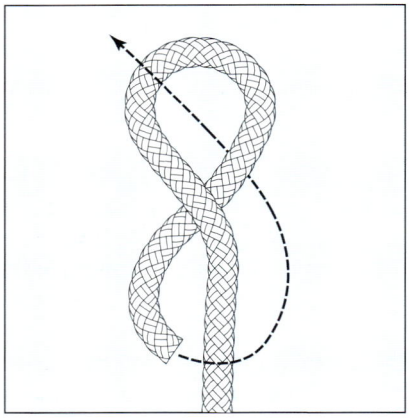

Abb. 72

Lege ein Auge, fahre um die feste Part des Endes herum und durch das Auge zurück.

57. Wurfleinenknoten (Abb. 73)

Zum Beschweren eines Leinentampens, um ihn werfen zu können.

(1) Lege eine genügend große Bucht und törne den Tampen von der festen Part zum Bogen der Bucht hin dicht bei dicht um beide Parten der Bucht.
(2) Bist du bei dem Bogen angekommen, so stecke den Tampen durch den Bogen und hole die feste Part so weit in die Törns hinein, dass der Tampen bekniffen ist.

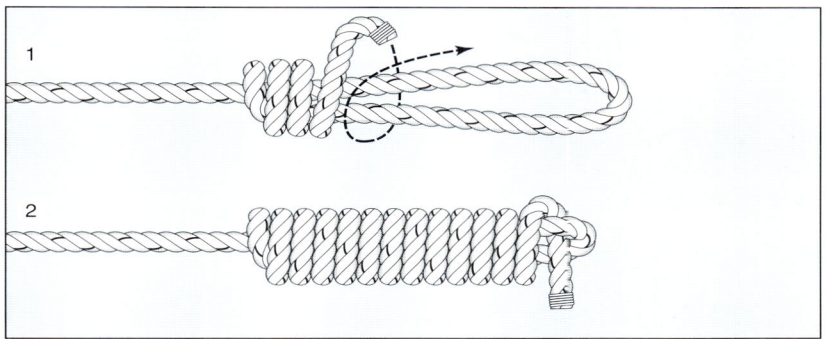

Abb. 73

58. Marlspiekerschlag (Abb. 74)

Durch Anstecken an den Marlspieker kann dünnes Gut mit wesentlich mehr Kraft geholt werden, denn der Marlspieker wird als Handgriff benutzt. So z.B. zum Ausholen der Lieken, wobei das Nockbändsel auf den Marlspieker gesteckt wird.

(1) Lege ein Auge auf das Bändsel und klappe es auf die feste Part des Endes.

(2) Hole eine Bucht der festen Part durch das Auge und schiebe den Marl-

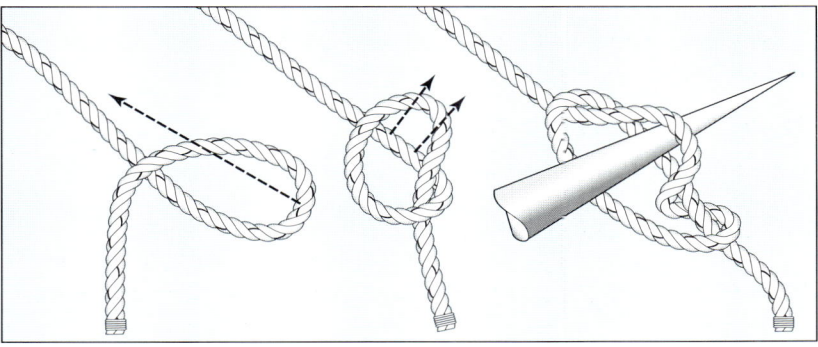

Abb. 74

spieker zwischen Bucht und Auge. (Der Marlspiekerschlag entspricht dem *Stellingstek* Nr. 52, S. 99.)

59. Die Palsteke

Einfacher Palstek (s. S. 88)
Doppelter Palstek (s. S. 90)

Bootsmannsstuhl* (Abb. 75)
Zum Sichern eines Mannes, der auf einer Yacht aufentert. Nur bestes Tauwerk verwenden!

(1) Lege in genügender Entfernung vom Tampen ein Auge auf das Ende (lose Part oben) und auf dieses Auge in gleichem Drehsinn ein zweites, sodass eine »Spirale« entsteht.
(2) Fahre mit dem Tampen von *unten* in das Auge.
(3) Fahre mit dem Tampen (wie bei dem einfachen Palstek S. 88) unter der festen Part hindurch und von außen oben durch die beiden aufeinander liegenden Augen.
(4) Hole den Stek an der festen Part und am Tampen steif.
(5) Im Innern des Steks liegen nun ein kleines Auge, das den Tampen bekneift, und ein Rundtörn, der in das große Auge des Palsteks übergeht. Diesen Rundtörn hole so weit nach rechts aus dem Stek heraus, bis du 2 gleich große Augen hast.

Der Mann steigt in beide Augen hinein, sodass der Stek *vor* ihm steht, und legt das eine Auge um die Oberschenkel, sodass er darin sitzen kann, das andere

---

* Ein Bootsmannsstuhl ist eigentlich ein rechteckiges Brett, das mit einer vierpartigen Hahnepot an das Fall angesteckt wird und auf dem der Mann während der Arbeit sitzt. Auf Binnenbooten pflegt ein solcher Bootsmannsstuhl nicht an Bord zu sein, an seiner Stelle wird dann der hier beschriebene eingesetzt.

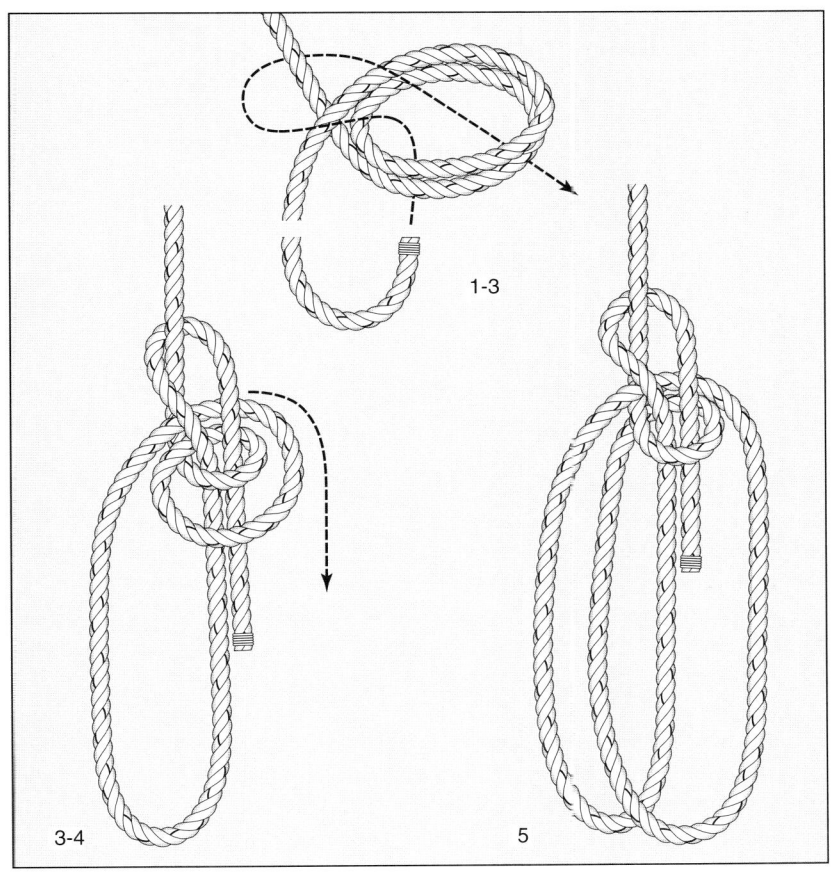

1-3

3-4

5

Abb. 75

Auge legt er um sein Kreuz, wodurch er eine *Rückenstütze* bekommt, die sein Sicherheitsgefühl wesentlich erhöht.

Sind die Augen zu groß oder zu klein, so bringe zunächst das nach Schritt 5

105

aus dem Stek geholte Auge auf das richtige Maß und stecke dann das andere Auge Part für Part nach.

In den Tampen der festen Part wird ein einfacher Palstek gesteckt (S. 88), der am Großfall eingeschäkelt wird. Der Mann zieht sich nun mit Klimmzügen selbst hoch. Von Deck aus wird der Bootsmannsstuhl so nachgesetzt, dass der Mann ständig unterstützt ist.

Verkürzungssteke*

Zum Verkürzen eines zu langen Endes, auf dem Kraft steht. Ohne Kraft halten die Steke nicht.

60. Lange Trompete (Abb. 76)

(1) Lege in das Ende ein Auge.

(2) Lege das Ende in 2 S-förmige Buchten und schiebe die dem Auge am nächsten liegende Bucht durch das Auge, und zwar *über* die oben liegende lose Part und unter die *unten* liegende feste Part des Auges (Kopfschlag). Bekneife die Schnittpunkte der Parten mit Daumen und Zeigefinger der linken Hand.

(3) Lege mit der herunterhängenden Part des Endes über die herunterhängende Part der Bucht einen ebensolchen Kopfschlag und hole beide Kopfschläge steif.

---

* Die Verkürzungssteke haben für den Sportbootfahrer kaum eine Bedeutung und wurden nur aufgenommen, weil sie hübsch zum Stecken sind. Auf den alten Segelschiffen wurden sie benutzt, um z. B. die Leebackstagen und Leepardunen zu verkürzen, die so viel Lose hatten, dass ihr Arbeiten im Seegang gefährlich werden musste.

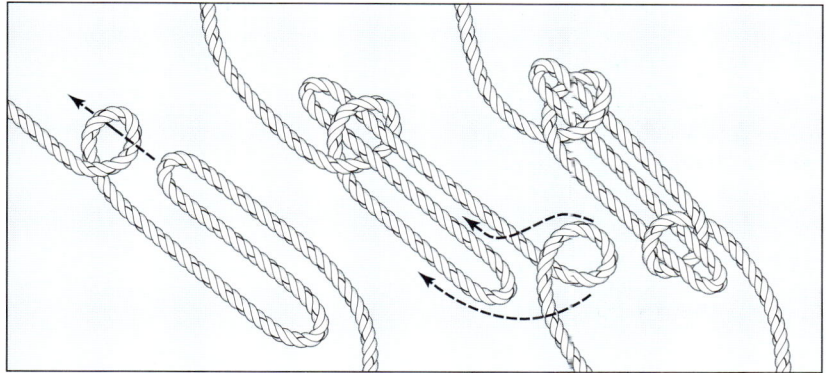

Abb. 76

61. Englische Trompete

(1) Lege in der Hand einen *Webeleinenstek* (S. 86) ur d auf diesen einen zweiten, sodass *vier* Augen übereinander liegen.

(2) Stelle das Ganze senkrecht und ergreife durch die beiden äußeren Törns
die beiden mittleren Törns *über Kreuz,* also mit der linken Hand den rechten Mitteltörn, mit der rechten Hand den linken; dann ziehe die Mitteltörns
über Kreuz aus den Außentörns heraus.

Es entsteht dieselbe Trompete wie unter Nr. 60 (S. 106) beschrieben, nur
dass sie in der Mitte eine »Verzierung« hat.

Taljen

Zweck der Taljen

Große Arbeitsleistung mit geringem Kraftaufwand. Leisten wir eine Arbeit, so wird die Größe der *Leistung* danach gemessen,

wieviel Kilogramm (kg)

um wieviel Meter (m)

in wieviel Sekunden (s)

gehoben werden oder, bei einer nicht senkrecht nach oben gerichteten Bewegung der Last, welchem Hubweg die der Last erteilte Bewegung entsprechen würde.

Heben wir eine Last von 1 kg in 1 s um 1 m, so ist die Leistung

1 Meterkilogramm pro Sekunde ($1\frac{\text{mkg}}{\text{s}}$), denn

$$\frac{1 \text{ m x } 1 \text{ kg}}{1 \text{ s}} = 1 \frac{\text{mkg}}{\text{s}} \text{ , weil } \frac{1 \text{ x } 1}{1} = 1 \text{ ist.}$$

Genau dieselbe Leistung von $1 \frac{\text{mkg}}{\text{s}}$ vollbringen wir mit derselben Kraft,

wenn wir 2 kg in 1 s 0,5 m hochheben oder, auf einen vollen Meter gebracht, 2 kg in 2 s um 1 m heben, denn

$$\frac{0,5 \text{ m x } 2 \text{ kg}}{1 \text{ s}} = 1 \frac{\text{mkg}}{\text{s}} \text{ , weil } \frac{0,5 \text{ x } 2}{1} = 1 \text{ ist,}$$

wie auch

$$\frac{1 \text{ m x } 2 \text{ kg}}{2 \text{ s}} = 1 \frac{\text{mkg}}{\text{s}} \text{ , weil } \frac{1 \text{ x } 2}{2} \text{ ebenfalls } = 1 \text{ ist.}$$

In die Praxis übersetzt heißt dies: Wenn wir ein Mittel haben, durch das die Last nur die Hälfte des Weges zurücklegt, den sie ohne dieses Mittel zurücklegen würde, so können wir eine Last heben, die doppelt so schwer ist, wie es der aufgewandten Kraft entspricht; allerdings benötigen wir auch die doppelte Zeit, um die Last an ihr Ziel zu bringen.

Seemännische Ausdrucksweise

Talje   Das Mittel, um auf Kosten des Weges und damit der Zeit Kraft zu sparen, ist an Bord neben der Winsch und dem gewöhnlichen Hebel (wie Pinne, Marlspieker usw.) die Talje, die aus Blöcken und Tauwerk besteht.

Scheibe   Die Rolle in einem Block heißt Scheibe. Es gibt einscheibige und mehrscheibige Blöcke.

Blöcke   Blöcke, die an einem festen Gegenstand angeschäkelt sind und die somit ihren Standpunkt bei Arbeiten cer Talje nicht verändern, sind *feste* Blöcke bzw. Scheiben. Blöcke, die ihre Stellung mit der Bewegung der Last ändern, sind *lose* Blöcke bzw. Scheiben.

Taljeläufer   Das durch die Blöcke geschorene Ende ist der Taljeläufer. Die Part des Läufers, an der die Kraft angreift, ist die *holende* Part; die Part, die an der Last oder an einem festen Punkt angesteckt ist, heißt *feste* oder *stehende* Part.

Die Wirkung von mehrscheibigen Taljen

Ohne Berücksichtigung des Kraftverlustes durch den *Reibungswiderstand* der Blöcke (vgl. S. 110) sowie unter der Voraussetzung, cass die Parten des Läufers parallel zueinander fahren (Nr. 66, S. 114), halten sich folgende Lasten und Kräfte das Gleichgewicht:

(1)	lose Scheiben	stehende Part	Kraft	Last
	1	fest	1/2	doppelt
	1	an der Last	1/3	dreifach
	2	fest	1/4	vierfach
	2	an der Last	1/5	fünffach
	3	fest	1/6	sechsfach
	3	an der Last	1/7	siebenfach
	und so weiter			

(2) Oder: Die Last, der mit der zur Verfügung stehenden Kraft das Gleichgewicht gehalten wird, ist gleich der Kraft, multipliziert mit der doppelten Anzahl der losen Scheiben; ist die stehende Part an der Last angesteckt, so ist zu der doppelten Anzahl der losen Scheiben noch die Zahl 1 zu addieren.

(3) Oder: Die Last, der mit der zur Verfügung stehenden Kraft das Gleichgewicht gehalten wird, ist gleich der Kraft, multipliziert mit der Anzahl der Parten, an denen die Last hängt.

Reibungswiderstand

Der Kraftverlust durch den Reibungswiderstand der Blöcke und durch die Starrheit des Läufers beträgt je nach Pflege und Zustand der Blöcke und Starrheit des Läufers etwa 5–25 %, was bei der Zusammenstellung von Taljen berücksichtigt werden muss.

62. Jolltau oder Jolle (Abb. 77)

Eine feste Scheibe. Das Jolltau ist keine Talje, denn die Last bewegt sich genau

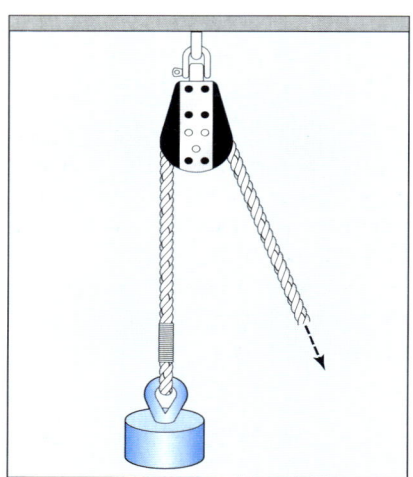

Abb. 77

um dieselbe Strecke aufwärts, um die die holende Part nach unten geholt wird. Es ergibt sich somit weder ein Weg- noch ein Zeitverlust, also auch keine Kraftersparnis; die feste Scheibe ergibt lediglich eine Richtungsänderung des Läufers, durch die man z. B. eine Last von Deck aus in den Topp hieven kann. (Wenn man trotzdem mit dem Jolltau größere Lasten hieven kann als von Hand, so nur deshalb, weil man nach oben ausschließlich mit Muskelkraft holt, während man beim Holen nach unten das Körpergewicht mitarbeiten lassen kann.)

Wir stellen allgemein fest:
Feste Scheiben ergeben keine Kraftersparnis, sondern dienen nur dazu, dem Läufer eine andere Richtung zu geben.

Verwendung des Jolltaus:
Fockfall, Standerleine usw. Auf Kleinstbooten fährt auch die Großschot durch einen festen Block an der Oberkante des Kiels, damit sich die Kraft der Hand auf eine bestimmte Zugrichtung einstellen kann, was eine gleichmäßigere Schotführung ermöglicht. Der feste Block fängt zudem durch seinen Reibungswiderstand (s. S. 110) einen Teil der vom Segel kommenden Stöße auf, was die ruhige Schotführung weiter fördert.

63. Klappläufer (Abb. 78)

Der Klappläufer ist die kleinste echte Talje. Er hat eine lose Scheibe. Die stehende Part des Läufers ist an einem festen Punkt angesteckt, die Last an dem losen Block. Im Allgemeinen ist die holende Part noch über eine feste Scheibe geschoren, die jedoch bezüglich der Kraftersparnis belanglos ist. Holen wir die holende Part um 1 m, so verkürzen sich die beiden Parten, zwischen denen die lose Scheibe läuft, um zusammen 1 m; das bedeutet, dass auf jede der beiden letzteren Parten je 0,5 m entfallen, dass also die Last um 0,5 m gehoben wird. Der Weg der Last ist somit halb so groß wie die holende Part.

Wir stellen allgemein fest:
Eine lose Scheibe bedeutet den Verlust des halben Weges, also die Ersparnis der Hälfte der Kraft.

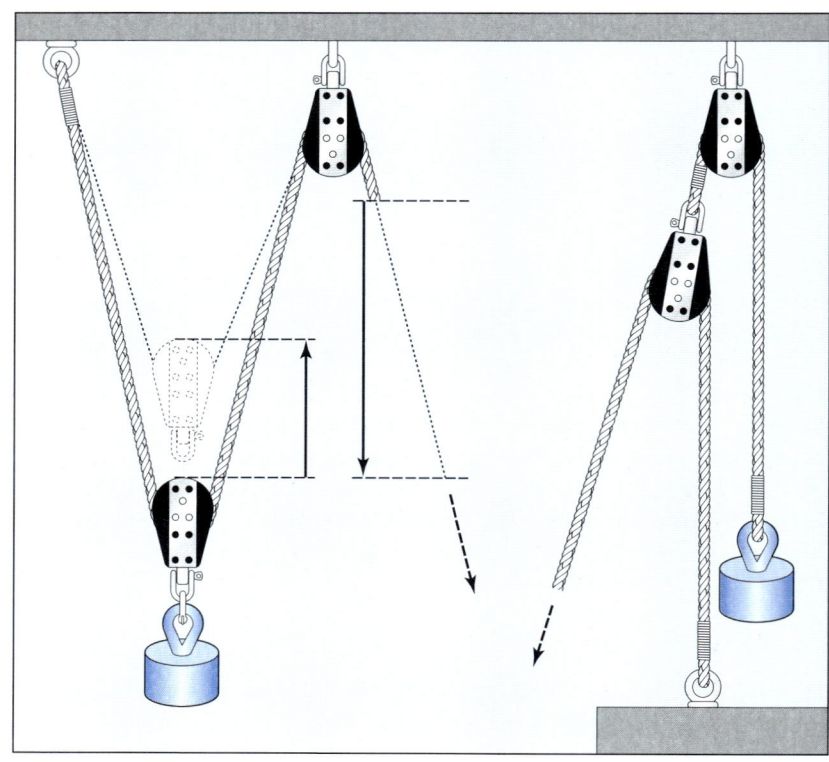

Abb. 78

Verwendung des Klappläufers:
Früher als Piek- und Klaufall auf Yachten: stehende Part an Deck eingeschäkelt, Tauwerkläufer über die lose Scheibe, an der die Last (Gaffel) mit Drahtstander angesteckt war; der Drahtstander fuhr seinerseits über eine feste
Scheibe.

64. Zweischeibige Talje (Abb. 79)

Zwei lose Scheiben. Wird die holende Part um 1 m geholt, so wird der restliche Läufer ebenfalls insgesamt um 1 m verkürzt; hiervon entfällt auf jede seiner vier Parten je ein Viertel, also 0,25 m, sodass die Last um 0,25 m gehoben wird. Dies bedeutet einen Kraftaufwand, der dem vierten Teil der Last entspricht, oder die Ersparnis von 3/4 der Kraft.

Wir stellen allgemein fest:
Jede lose Scheibe bedeutet fortlaufend ein Halbieren des notwendigen Kraftaufwandes oder die Möglichkeit, die Last zu verdoppeln.

65. Der Tampen der stehenden Part ist an der Last angesteckt (Abb. 80)

Holen wir die holende Part um 1 m, so entfällt auf die Verkürzung jeder der restlichen drei Parten des Läufers je ein Drittel der Gesamtverkürzung, sodass die

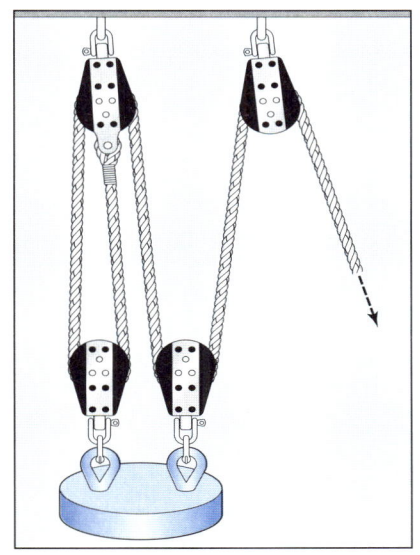

Abb. 79   *Abb. 80*

Last um 1/3 des Weges der holenden Part gehoben wird; dies bedeutet einen Kraftaufwand, der dem dritten Teil der Last entspricht, oder die Ersparnis von 2/3 der Kraft.

Wir stellen allgemein fest:
Ist bei einer Talje die stehende Part an der Last angesteckt, so hat dies zusätzlich die halbe Wirkung einer losen Scheibe.

66. Nicht parallel geschorene Läufer (Abb. 81 und 82)

Beim Scheren einer Großschot müssen die losen Scheiben über den Großbaum verteilt werden, da das Angreifen der Kraft an *einem* Punkt ein Durchbiegen des Großbaums zur Folge hätte. Dies ist ein Fall, in dem die Parten einer Talje nicht parallel fahren.

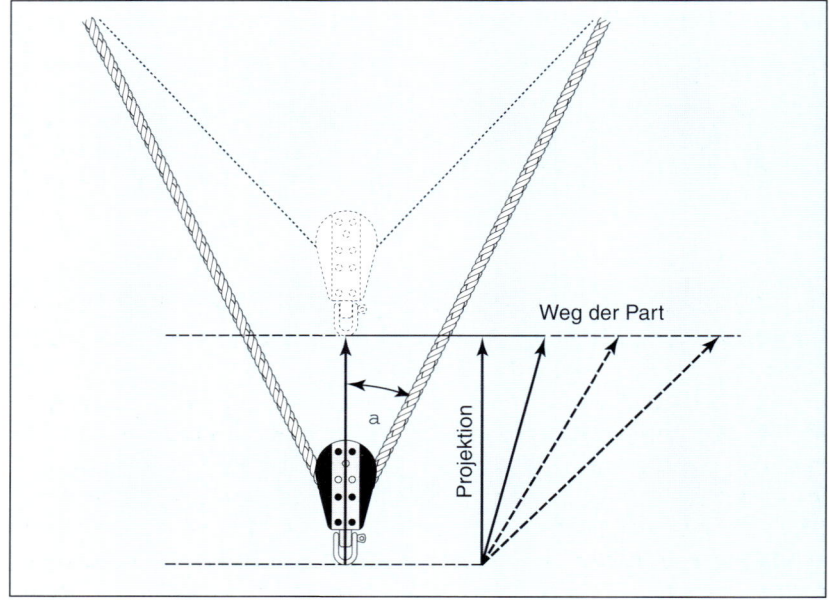

Abb. 81

In einem solchen Falle entspricht der Hubweg der Last nur der *Projektion* des Weges der stehenden Parten (Abb. 81); es geht also ein Teil der aufgewandten Kraft verloren. Die Größe dieses Verlustes ist abhängig von dem *Winkel,* den die einzelnen über lose Scheiben fahrenden Parten mit der *Hubrichtung* bilden. Nehmen wir den Wert jeder einzelnen an der Last angreifenden Part mit 1 an, so ist der Wert der nicht in Hubrichtung fahrenden Parten jeweils gleich dem *cos* des Winkels, den sie mit der Hubrichtung bilden:

bei einem Winkel von   0° = 1,000
bei einem Winkel von 10° = 0,985
bei einem Winkel von 20° = 0,940
bei einem Winkel von 30° = 0,866
bei einem Winkel von 40° = 0,766
bei einem Winkel von 50° = 0,643
bei einem Winkel von 60° = 0,500
bei einem Winkel von 70° = 0,342
bei einem Winkel von 80° = 0,174
bei einem Winkel von 90° = 0,000

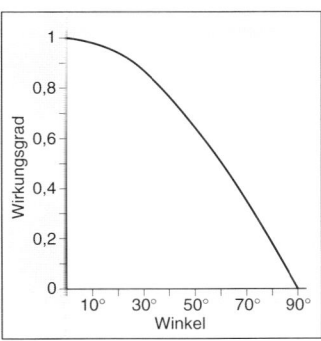

Abb. 82

Diese Tabelle und ihre grafische Darstellung (Abb. 82) ergeben, dass bei einem Winkel von 0° der volle Wert 1 für jede Part verbleibt, wie wir schon festgestellt haben, während bei einem Winkel von 90°, also quer zur Hubrichtung, eine Bewegung der Last nicht mehr verursacht wird, was ohne weiteres einleuchtet. Zwischen diesen Extremen nimmt die Wirkung jeder Part mit wachsendem Winkel zuerst langsam, dann rascher ab, bis sie bei 60° = 0,5 wird; dies bedeutet, dass diese Part als kraftersparender Teil der Talie wirkungslos geworden ist: Zwei Parten, von denen jede mit der Hubrichtung einen Winkel von 60° bildet, ergeben zusammen eine Wirkung von 2 x 0,5 = 1, also keine Kraftersparnis mehr. Werden die Winkel größer als 60°, so bekommen wir sogar eine negative Wirkung der Parten, d. h. wir müssen noch Kraft zusetzen.

Beim Scheren einer Großschot empfiehlt es sich also, darauf zu achten, dass

1. die Winkel zwischen je zwei über eine lose Scheibe fahrenden Parten und der Hubrichtung *gleich* sind, denn es ergeben z. B. 2 Winkel von je 40° (= 80°) nach der Tabelle einen Wirkungsgrad von 1,532, während Winkel von 30° und 50° (zusammen ebenfalls = 80°) nur einen Wirkungsgrad von 1,509 ergeben. Bei dichtgeholten Schoten muss der Schotring also in der Mitte zwischen 2 Decksblöcken stehen.

2. die Winkel zwischen den Parten und der Hubrichtung bei dichtgeholter Schot nicht größer als 40° werden. Mit dem Fieren der Schot werden die Winkel fortschreitend kleiner und somit günstiger, aber bei dichtgeholter Schot ist die auf ihr stehende Kraft am größten und somit ein guter Wirkungsgrad der Talje am wichtigsten.

67. Doppelt geschorene Großschot (Abb. 83)

Auf Yachten ist es vorteilhaft, die Großschot über einen am Dirkwagen querschiffs angesteckten einscheibigen Block auf beiden Seiten des Bootes symmetrisch zu scheren. In Abb. 83 ist dies in vereinfachter Form (nur 3 lose Scheiben) schematisch dargestellt: 1 einscheibiger Block am Dirkwagen, 1 zweischeibiger Block am Leitwagen, 2 einscheibige Blöcke am Schotring, 2 einscheibige Blöcke an Deck.

Steht viel Kraft auf der Schot (dichtgeholte Schoten oder starker Winddruck), so wird die *Leeschot* belegt und mit der Luvschot allein gearbeitet. (Es muss mit der Luvschot gearbeitet werden, weil ihre Partenwinkel kleiner sind als die der Leeschot und weil sie zudem das Segel weniger nach unten reckt als die Leeschot.) Beim Holen werden 3 lose Scheiben wirksam (zwei am Schotring, eine am Dirkwagen), und wir benötigen (ohne Berücksichtigung der Divergenz der Parten) 1/6 der Kraft, die der Last entspricht.

Steht wenig Kraft auf der Schot (gefierte Schoten oder geringer Winddruck), so arbeiten wir mit beiden Parten zugleich. Hierdurch wirken die symmetrisch geschorenen Parten wie eine einzige Part: Die Scheibe an der Baumnock ist ausgeschaltet und wirkt, als ob die Schot an der Baumnock (Last!) angesteckt wäre, und die nebeneinander am Schotring angeschäkelten Blöcke wirken wie ein einziger. Wir haben also eine *einscheibige Talje* mit an der Last angesteck-

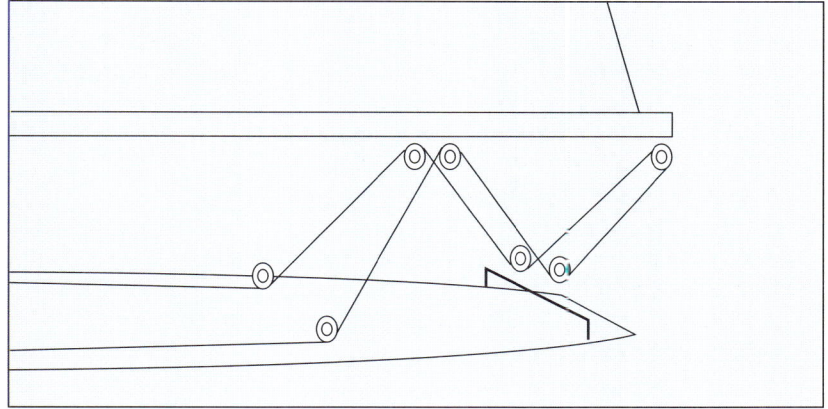

Abb. 83

ter stehender Part und benötigen jetzt zwar 1/3 der Kraft (gegenüber 1/6 bei Arbeiten mit nur einer Schot), können dafür aber doppelt so schnell holen.

Bei der üblichen Verwendung von 5 losen Scheiben haben wir bei dem Arbeiten mit der Luvschot allein 1/10 der Kraft aufzuwenden, bei dem Arbeiten mit beiden Schoten gleichzeitig dagegen 1/5. Wir ersparen also, wenn wir bei wenig Kraft auf der Schot mit beiden Parten arbeiten, immer die Hälfte der Zeit, um das Großzeug dicht zu bekommen, was bei langen Schoten sehr wesentlich ist.

68. Takel und Mantel (Abb. 84)

Es werden drei oder mehr Klappläufer so *hintereinander* geschoren, dass jeweils die holende Part jedes Klappläufers am Lastblock des vorigen angesteckt wird.

Der erste Klappläufer halbiert den Weg der Last, der zweite Klappläufer halbiert diesen Weg, sodass der Weg seiner losen Scheibe 1/4 des Weges der ersten holenden Part ist. Bis hierher ist also die Kräfteersparnis dieselbe wie bei einer zweischeibigen Talje.

Der dritte Klappläufer halbiert aber wiederum den Weg des zweiten, sodass der dritte Lastblock nur 1/8 des Weges der holenden Part zurücklegt, zum Unterschied von 1/6 bei der dreischeibigen Talje.

Bei Takel und Mantel ist der Weg der Last also = 1 durch 2 hoch Anzahl der losen Scheiben.

Ein Vergleich mit den Taljen sieht folgendermaßen aus:

lose Scheiben	Takel und Mantel	Talje
1	–	1/2
2	1/4	1/4
3	1/8	1/6
4	1/16	1/8
5	1/32	1/10
6	1/64	1/12

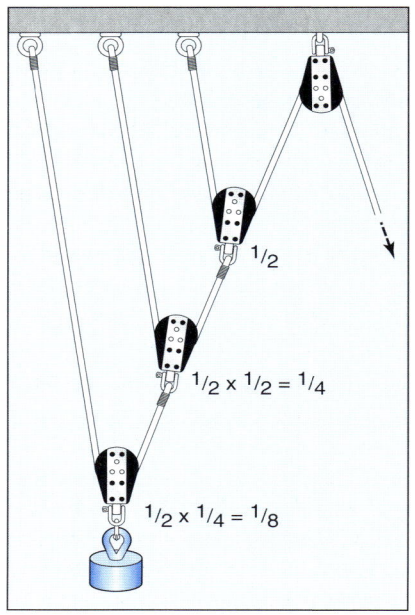

1/2

1/2 x 1/2 = 1/4

1/2 x 1/4 = 1/8

Abb. 84

Fancywork

Wollte man das Wort »Fancywork« treffend übersetzen, so müsste man sagen: »aus Liebhaberei gefertigte ornamentale Fantasie-Handarbeiten«.

Fancywork ist Luxus, und das nicht wegen des materiellen Wertes dieser Arbeiten, sondern wegen ihrer Nutzlosigkeit und der Zeit, die man trotzdem aufwendet, um ein besonders schönes Messer- oder Pfeifenbändsel anzufertigen, das man dann gar nicht benutzt.

Es ist ein überaus wohltuender Ausgleich gegenüber unserer rationalistischen und mechanisierten Zeit, wenn wir uns mit diesen kunstvollen seemännischen Handarbeiten befassen, von denen wir nichts haben als die Befriedigung, die uns das eigene Können gibt, und das ungewohnte Gefühl, Zeit zu haben, wie die Fahrensleute auf den alten Windjammern Zeit hatten, wenn sie bekalmt lagen und sich diesem Fancywork mit Liebe, Fantasie und Ausdauer widmeten. Diese Kunst sollten die Sportbootfahrer nicht in Vergessenheit geraten lassen.

Die nachstehend beschriebenen Fancyknoten und Plattings sind nur die Elemente des Fancyworks. Kombinationen beschreiben hieße, dem Fancywork seinen Reiz nehmen, der in der Möglichkeit und Notwendigkeit besteht, die eigene Erfindungsgabe und Fantasie zu beflügeln. Beides hat hier ein weites Feld!

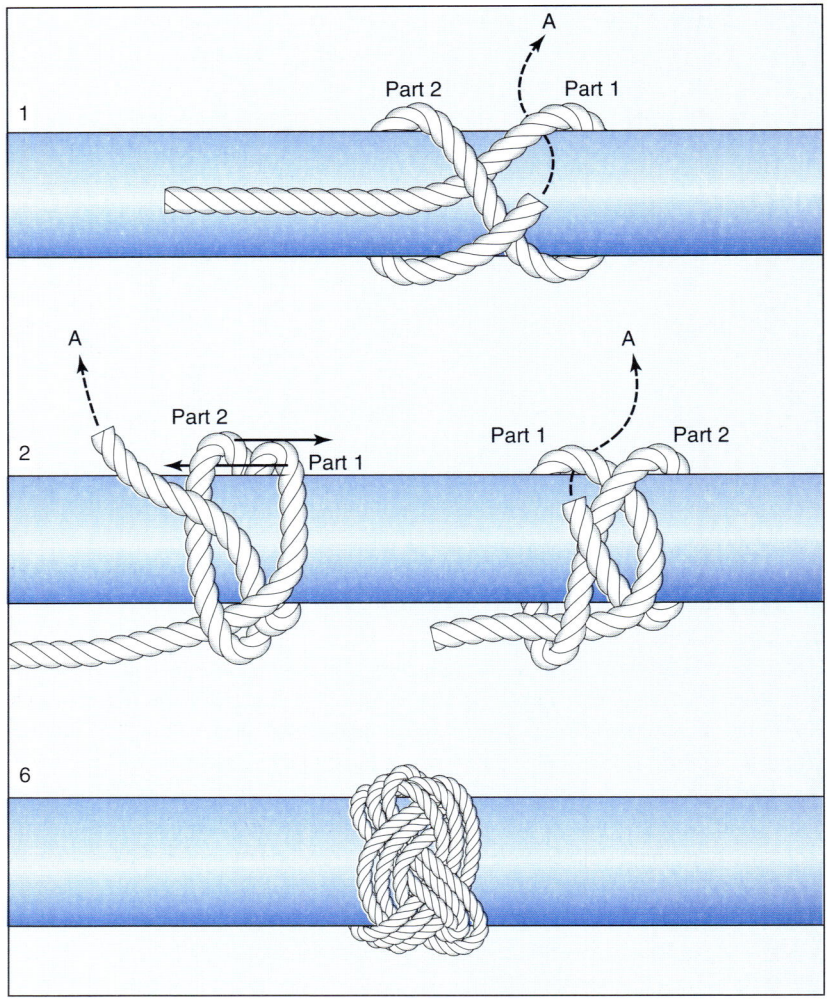

Abb. 85

69. Türkischer Bund (Abb. 85)

Verwendung: Als Bund an den Riemen, wo sie in den Dollen liegen, als Sicherung am Ende des Schrubberstiels, damit er nicht durch die Hand slippt, als Schlaufe über der Bucht des Pfeifenbändsels, um diese am Jackettknopf festzusetzen. Es gibt unzählige Verwendungsmöglichkeiten, und mancher Segler trägt den Türkischen Bund sogar als Armband.

(1) Lege das Rundholz oder den Gegenstand, um den der Türkische Bund gesteckt werden soll, quer vor dich. Lege das genügend lange Bändsel (du brauchst eine Menge Material!) der Länge nach auf das Rundholz und fahre um das Rundholz von dir weg 2 Rundtörns, die sich kreuzen wie aus der Abb. 85 (1) ersichtlich.
Stecke den Arbeitstampen (A) unter die *untere* Part des Rundtörns (Part 1) von außen nach innen hindurch und lasse allen Törns so viel Lose, dass du den Tampen noch sechsmal unter ihnen durchstecken kannst.

(2) Schiebe Part 2 (linke Part) nach rechts *über* Part 1 und fahre wieder mit dem Arbeitstampen (A) von außen nach innen unter der jetzt links liegenden Part 1 hindurch.

(3) Schiebe wieder Part 2 (jetzt rechts liegend) *über* Part 1 und fahre wieder mit dem Arbeitstampen von außen nach innen unter Part 1 hindurch.
Merke: Bei dem Übereinanderschieben der Parten bleibt Part 2 immer oben!
Der Arbeitstampen fährt immer von außen nach innen und unter die immer unten liegende Part 1, also abwechselnd von rechts nach links und umgekehrt.

(4) Fahre so fort, bis du wieder am Anfang angekommen bist. Hast du keinen Fehler gemacht, so fährt der Arbeitstampen parallel zum Anfangstampen zwischen den beiden Parten, aus denen der Anfangstampen heraussieht.

Tut er das nicht, so suche nicht den Fehler, sondern fange noch einmal von vorne an.

(5) Fahre mit dem Arbeitstampen parallel zum Anfangstampen so lange weiter, bis alle Parten *dreifach* nebeneinander fahren. Beachte, dass sich die parallelen Parten nirgends kreuzen!
Gegen Ende wirst du den Marlspieker verwenden müssen, um noch durchstecken zu können.

(6) Kappe die Tampen und verstecke sie zwischen zwei Parten des Bundes.

70. Hohenzollernknoten (Abb. 86)
Zierknoten in Bändseln, besonders in Pfeifenbändseln, da die Bucht auf den Jackettknopf geknöpft werden kann.

(1) Nimm das Bändsel *doppelt* (in Abb. 1 ist es der größeren Deutlichkeit wegen nur einfach gezeichnet, und auch beim Üben empfiehlt es sich,

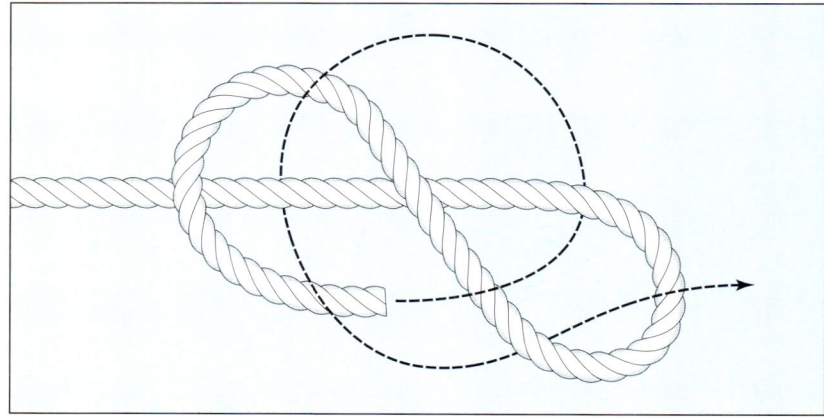

Abb. 86 (1)

zunächst ein einfaches Bändsel zu verwenden) und lege es auf die flache linke Hand; bekneife den Tampen zwischen Daumen und Zeigefingerwurzel.

Lege das Bändsel weiter wie folgt:
– zwischen 3. und 4. Finger
– um den kleinen Finger
– zurück zwischen 4. und 3. Finger
– über den Anfangstampen hinweg um den Zeigefinger
– zwischen 4. und 5. Finger

(2) Stecke den Tampen von oben durch die Bucht, die um den 5. Finger liegt
– fahre über der dort liegenden Bucht zwischen 3. und 2. Finger hindurch, wobei du den unter der Bucht liegenden Anfangstampen *unterfährst*, und stecke den Tampen von unten nach oben durch die Bucht, die um den kleinen Finger liegt.
Hebe den Knoten von den Fingern ab und hole ihn Part für Part so steif, wie es das Gut erlaubt, wobei du darauf achtest, dass die doppelt fahrenden Parten schön parallel zu liegen kommen.

Abb. 86 (2)

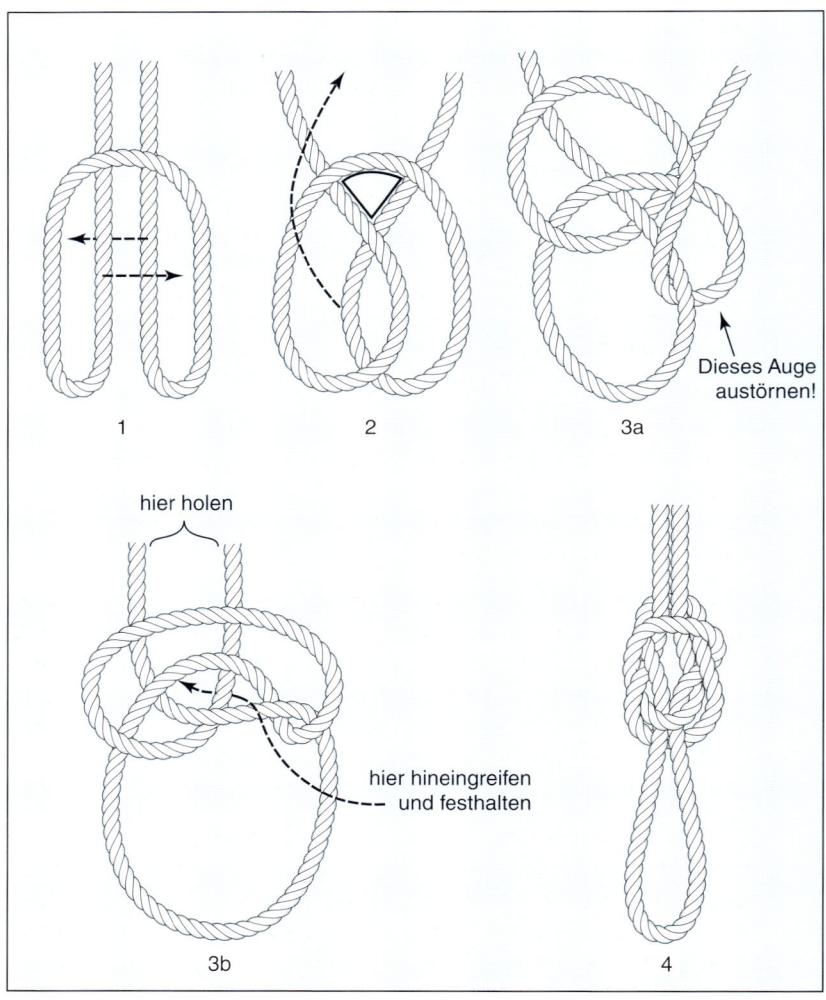

Abb. 87

71. Bootsmannsmaatenknoten (Abb. 87)
Zierknoten zum Verschließen einer Bucht, wie z. B. am Bändsel des Segler-messers, damit man es um den Hals hängen kann.

(1) Lege das Ende mit einer Bucht so auf die linke Handfläche, dass die Bucht zu dir hin geschlossen ist; klappe die Bucht auf die beiden Parten des Endes und bekneife die Kreuzungsstelle mit dem Daumen der linken Hand. (Mache diese Figur nicht zu groß! Der umgeklappte Teil der Bucht soll etwa 7 cm lang sein.) Du hast jetzt 4 Parten auf der Handfläche liegen, von denen du die beiden inneren so kreuzt dass die linke oben zu liegen kommt. Es entsteht zwischen den gekreuzten Innenparten und dem Bogen der Bucht ein *Dreieck*, das du mit dem Daumen der linken Hand im Ganzen bekneifst.

(2) Klappe die jetzt links liegende der beiden gekreuzten Parten nach oben über das Dreieck und bekneife sie ebenfalls. Hierbei entstehen ein oder zwei Augen; wenn zwei Augen entstehen, so törne das rechte Auge aus, sodass nur ein Auge übrig bleibt.

(3) Greife an der mit Pfeil bezeichneten Stelle unter das Auge und erfasse mit Daumen und Zeigefinger der *rechten* Hand die durch das Auge fahrende Part der großen Bucht; mit Daumen und Zeigefinger der *linken* Hand erfasst du die beiden aus der Figur herausfahrenden Tampen.
Während du die *rechte* Hand unbeweglich hältst, holst du jetzt mit der *linken* Hand beide Tampen vorsichtig von dir weg, wobei du die einzelnen Parten der Figur nicht daran hindern darfst, umzukippen.

(4) Sind die Buchten des Knotens gekippt, so kontrollierst du, bevor du den Knoten steifholst, ob die Parten symmetrisch liegen, und korrigierst Abweichungen durch Holen der rechten Buchtpart bzw. durch Holen des linken Tampens. Um der Bucht die gewünschte Größe zu geben, schiebe den linken Tampen in den Knoten hinein und hole ihn Part für Part durch, wobei du den Knoten mit der linken Hand so bekneifst, dass er seine Form nicht verliert.

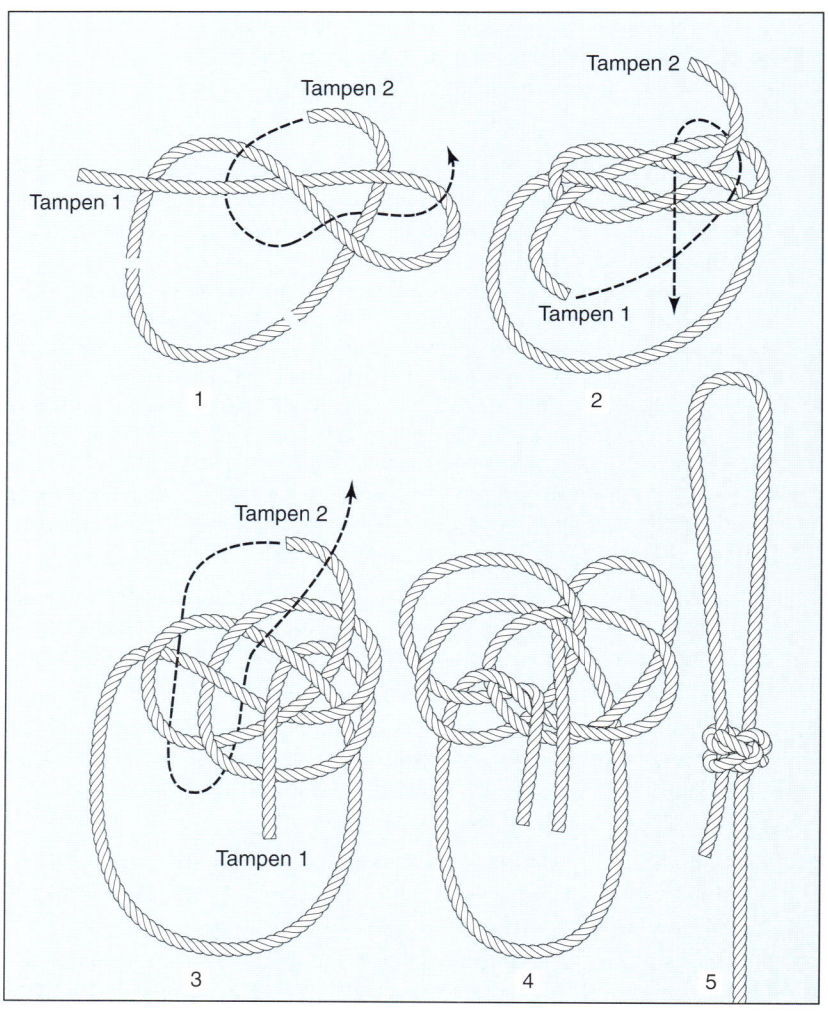

Abb. 88

72. Zweipartiger Diamantknoten (im laufenden Ende) (Abb. 88)
Zierknoten zum Verschließen einer Bucht, z. B. am Bändsel des Segler-messers, damit es um den Hals gehängt werden kann, oder als Zierknoten in Fancybändseln.

(1) Halte die linke Hand mit der Handfläche zu dir gerichtet und bekneife den kurzen Anfangstampen des Bändsels von dir wegweisend zwischen 2. und 3. Finger der linken Hand. Lege den auf dich zulaufenden langen Tampen des Bändsels wie folgt:
Zwischen 3. und 4. Finger – um den 5. Finger – zwischen 4. und 3. Finger – *unter* dem Anfangstampen hindurch um den Daumen; stecke den Tampen weiter zwischen 4. und 5. Finger *unter* der um den 5. Finger liegenden Bucht hindurch und fahre wieder *unter* dem Anfangstampen hindurch um den Zeigefinger; nun fahre zwischen 4. und 5. Finger hindurch, und zwar *über* der um den 5. Finger liegenden Bucht, aber *unterfahre* hierbei die unter dieser Bucht zwischen 4. und 5. Finger liegende Part.
Die um den Daumen liegende Bucht ist diejenige Bucht, die um den Hals gehängt werden soll; wenn du jetzt den Knoten von den Fingern abhebst und ordnest, so gib dieser Bucht die richtige Größe!

(2) Fahre mit dem Tampen 1, wie durch Pfeil angezeigt, um die Figur herum und beachte, dass der Tampen zwischen das rechte Auge der Figur und die rechte Part der großen Bucht zu liegen kommt; dann stecke den Tampen von unten nach oben durch die rautenförmige Mitte der Figur.

(3) Fahre mit dem Tampen 2, ebenfalls wie durch Pfeil angezeigt, um die Figur herum und beachte, dass er zwischen das linke Auge der Figur und die linke Part der großen Bucht zu liegen kommt; dann fahre auch mit diesem Tampen von unten nach oben durch die rautenförmige Mitte der Figur.

(4) Hole die Parten langsam dicht, sodass eine kleeblattartige Figur entsteht, und ordne sie. Nimm die beiden Parten der großen Bucht zusammen und forme die Figur über ihnen zu einer Kugel.

(5) Hole zunächst die beiden Tampen und dann die beiden Parten der großen Bucht durch. Haben einzelne Parten des Knotens noch zuviel Lose, so hole die Lose Part für Part durch. Weiter nächste Seite

127

Willst du den Knoten im Anschluss an eine Platting oder dergleichen in parallele Parten eines Zierbändsels stecken, so fahre, wie in **Abb. 89,** zunächst mit der linken Part einen »Violinschlüssel« und dann mit der rechten Part so wie der Pfeil zeigt. Es geht weiter wie oben unter Schritt (2) – (5) beschrieben. Der Knoten kann auch mit doppeltem Bändsel gesteckt werden.

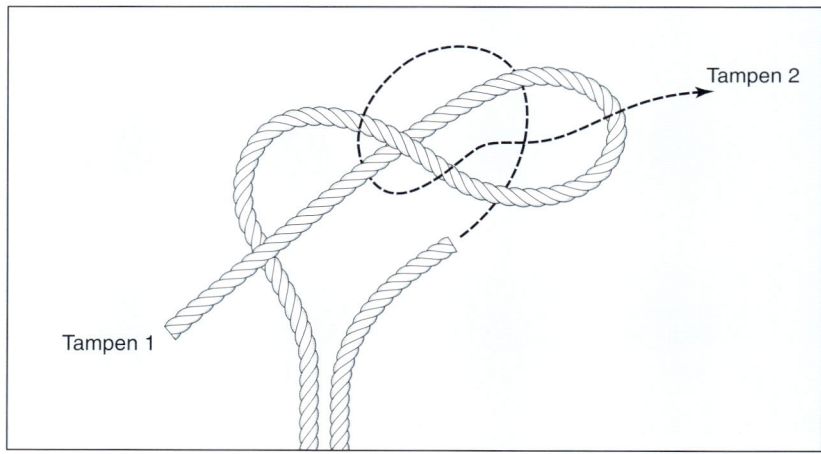

Tampen 2

Tampen 1

Abb. 89

73. Hahnenpfote und Taljereepsknoten
Diese beiden Knoten sind die Elemente der nachfolgenden Zierknoten.

Hahnenpfote
Die Ausführung ist unter Nr. 9 *(Rückspleiß oder Spanischer Takling, S. 37)* ausführlich beschrieben.

Taljereepsknoten (Abb. 90)
(1) Lege Buchten wie bei der Hahnenpfote, aber stecke die Kardeele nicht von oben nach unten, sondern von unten nach oben durch die Buchten.

Abb. 90

(2) Ordne die Kardeele, indem du sie einzeln in Richtung der Verlängerung des Endes aus dem Knoten heraus steifholst.

Beachte: Kein Kardeel darf sich mit der Kardeelpart, die mit ihm aus derselben Bucht fährt, kreuzen! Die Kardeele liegen durchweg links von der Part, die weiterfährt.

74. Doppelter Taljereepsknoten (Abb. 91, S. 130)

(1) Stecke einen einfachen Taljereepsknoten (S. 128) und ordne die Kardeele wie dort unter (2) beschrieben.

(2) Stecke jedes der Kardeele, die oben aus dem Kroten herausfahren, *über* der Kardeelpart, die mit ihm aus derselben Bucht herausfährt, und parallel zu dieser durch die nächste Bucht.

Beachte: Jedes Kardeel wird nur *einmal* durchgesteckt! Bevor du das 2., 3. und vielleicht 4. Kardeel durchsteckst, kontrolliere jedesmal, ob du auch wirklich ein Kardeel in der Hand hast, das vor der letzten Bucht einzeln (2. Kardeel) oder unten (3. und 4. Kardeel) fährt!

(3) Verwendest du den doppelten Taljereepsknoten am Tampen, so drehe die Kardeele vom Knoten ab wieder zu einem Ende zusammen, setze einen *Takling* (Nr. 1, S. 20) auf und kappe die Kardeele über dem Takling.

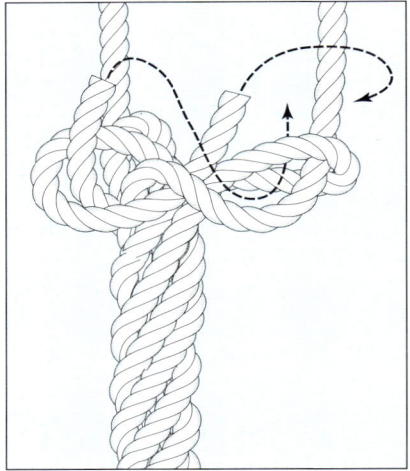

Abb. 91

Ein guter Rat

Wer sich Frust ersparen will, gehe an die nächsten Knoten nicht heran, bevor er nicht den *doppelten Taljereepsknoten* spielend nachsteckt. Die folgenden Knoten können nicht gelingen, solange man nicht bei dem zweiten Durchstecken mit Sicherheit die richtigen Kardeele durch die richtigen Buchten fahren lässt, ohne dass sie sich mit den zu ihnen parallel fahrenden Parten kreuzen. Und vor allem: die nachfolgenden Knoten *nicht* mit synthetischem Tauwerk üben, bei dem das Bild wesentlich unübersichtlicher ist als bei Gut aus Naturfasern.

75. Fallreepsknoten

Stecke einen Taljereepsknoten und über diesen eine *Hahnenpfote* (Nr. 9, S. 37). Jedes Kardeel fährt *über* einen Kardeelanfang aus dem Knoten; lasse es dieser Anfangspart folgen und stecke zunächst jedes Kardeel entlang der unter ihm liegenden Part des Taljereepsknotens *einmal* durch; dann stecke jedes Kardeel noch einmal entlang der zu ihm gehörenden Part der Hahnenpfote durch und beachte, dass sich Parten, die parallel fahren sollen, nicht kreuzen. Hole die Lose aus dem Knoten (Part für Part), kappe d e Tampen (nicht zu kurz) und verstecke sie im Innern des Knotens.

76. Stopperknoten

Stecke eine *Hahnenpfote*, hole sie steif und stecke über sie einen *Taljereeps-knoten* (S. 128), der jedoch beim Dichtholen *unter* die Hahnenpfote zu liegen kommt. Die Kardeele fahren nach oben aus dem Knoten und müssen *links* von der Part liegen, die mit ihnen aus der Bucht fährt. Lasse jedes Kardeel dieser Nachbarpart folgen, indem du zuerst jedes Kardeel durch die nächste Bucht der oben liegenden Hahnenpfote steckst und dann ebenso jedes Kardeel durch die entsprechende Bucht des unten liegenden Taljereepsknotens.
Beachte, dass die Parten beim Durchstecken parallel fahren und sich nirgends kreuzen.
Hole die Lose aus den Parten, kappe die Tampen nicht zu kurz und verstecke sie im Innern des Knotens.

77. Einpartiger Diamantknoten (im Tampen) (Abb. 92, S. 132)

(1) Lege die aufgedrehten Kardeele am Tampen entlang zurück, sodass *senk-rechte* Buchten entstehen. Bekneife die Kardeele so am Tampen, dass die Buchten sicher stehen.

(2) Fahre mit einem Kardeeltampen, ohne die bekniffenen Kardeele loszu-lassen, entgegen dem Uhrzeigersinn *über das nächste Kardeel hinweg* und durch die Bucht des *übernächsten* Kardeels.
Verfahre mit den restlichen Kardeelen ebenso.

(3) Hole die Kardeele durch, aber nicht steif; ordne sie und *kontrolliere,* ob eine vollkommen symmetrische Figur entstanden ist, die aus einer mit einem Taljereepsknoten verschlungenen Hahnenpfote besteht.

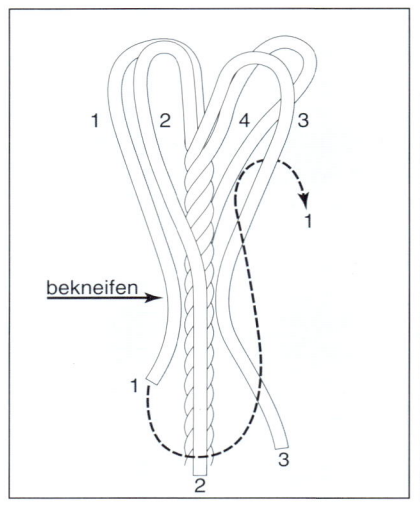

Abb. 92   *Abb. 93 (1)*

(4) Hole die Kardeele ganz durch und stülpe den Knoten hierbei nach oben. *Kontrolliere,* ob der jetzt obenauf liegende Taljereepsknoten fehlerfrei ist.

(5) Setze auf das Ganze noch eine Hahnenpfote. Ordne diese so, dass jeder Kardeeltampen *über* seinen eigenen Anfang zu liegen kommt, also über die Part, mit der das Kardeel anfangs aus dem Ende fährt.

(6) Stecke jedes Kardeel entlang diesem Anfang und, ohne diesen zu kreuzen, einmal durch; wiederhole dasselbe noch zweimal, wonach alle Tampen oben aus dem Knoten herausfahren müssen.

(7) Kappe die Tampen nicht zu kurz und verstecke sie im Innern des Knotens.

78. Rosenknoten

(1) Stecke in einen *vierkardeeligen* Tampen eine Hahnenpfote, über diese einen Taljereepsknoten und auf diesen nochmals eine Hahnenpfote.

(2) Stecke jedes Kardeel entlang der Part des in der Mitte liegenden Tal-

jereepsknotens, über der es aus der Hahnenpfote herausfährt, einmal durch, ohne dass die parallel laufenden Parten sich kreuzen. Dies ist nicht ganz leicht, aber du kannst es dir erleichtern, indem du mit den Kardeelen nicht, wie sonst üblich, reihum arbeitest, sondern nach dem Durchstecken des ersten Kardeels das gegenüberliegende nimmst.

Außerdem beachte, dass die obere Hahnenpfote während des Durchsteckens schön klar von dem übrigen Knoten bleibt.

(3) Stecke die Kardeele weiter unter den Parten der oberen Hahnenpfote durch, wozu du einen Marlspieker brauchst, kappe sie nicht zu kurz und verstecke sie im Innern des Knotens.

79. Sternenknoten (Abb. 93)

Zierknoten in Bändseln vor oder im Anschluss an Plattings. Als Knoten am Tampen nicht geeignet, da die Kardeeltampen, wenn sie gekappt werden, leicht aus dem Knoten slippen.

(1) Nimm den Tampen aufrecht in die linke Faust und verteile die vier Kardeele in ihrer natürlichen Reihenfolge, also so, wie sie aus dem Ende kommen, nach den vier Seiten. Strecke den Zeigefinger der linken Hand aus und drehe in die Bucht des auf ihm liegenden Kardeels im Uhrzeigersinn ein Auge, das du über den Zeigefinger stülpst.

(2) Strecke den 3. Finger, drehe ein Auge in das Kardeel, das im Uhrzeigersinn neben dem zuerst benutzten Kardeel liegt, und stülpe es über den 3. Finger.

Verfahre ebenso mit Kardeel 3 und 4 (im Uhrzeigersinn gezählt) und dem 4. und 5. Finger.

Nun fahre mit dem Tampen des Kardeels, das um den 3. Finger liegt, *von unten nach oben* durch das Auge über dem 2. Finger und verfahre ebenso vom 4. zum 3. und vom 5. zum 4. Finger; dann stecke den Tampen des Zeigefingers von unten nach oben durch das Auge, das um den 5. Finger liegt. Nimm die Spitzen der Finger 2–5, ohne die Finger zu krümmen, zusammen, wobei der 3. Finger auf den 2. und der 4. Finger auf den 5. zu liegen kommt. Hole alle 4 Kardeeltampen langsam durch.

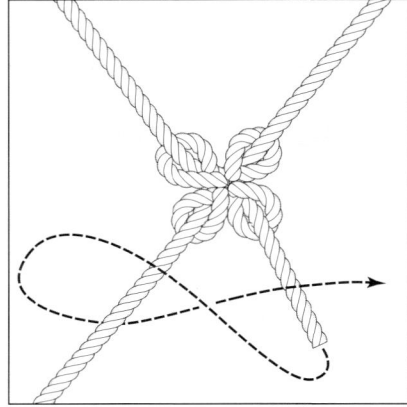

Abb. 93 (3) (4)

(3)   Du kannst jetzt schon die Finger erkennen, die in Abb. 93 (3) (4) skizziert sind, ein vierblättriges Kleeblatt, aus dessen Blättern die Kardeele herausfahren. Streife den Knoten vorsichtig von den Fingern ab, nimm den Tampen wieder in die linke Faust, sodass die Blätter oben auf der geschlossenen Faust liegen, und bekneife die Mitte des Knotens mit dem Daumen der linken Hand. Hole alle Parten des Knotens reihum Pull für Pull steif und beachte, dass hierbei nicht die Augen umkippen und zu gewöhnlichen Buchten werden.

(4)   Ist der Knoten vollkommen steifgeholt, so fahre mit einem Kardeel ein Auge um das *links* von ihm stehende Kardeel, und zwar vom Innern des Knotens nach außen und so, dass sich das arbeitende Kardeel selbst unterfährt. Das Auge muss sich genau auf das unter ihm liegende Blatt des Kleeblatts legen! Nimm das Kardeel, das du soeben umfahren hast, und umfahre ebenso das links von ihm gelegene Kardeel; dann fahre ebenso mit Kardeel 3 um Kardeel 4.

Jetzt fahren die drei Kardeele, mit denen du zuletzt gearbeitet hast, aus der Mitte des Knotens heraus; nimm sie zusammen und lege sie über den linken Handrücken von dir weg. Dann nimm das Kardeel, das du zuletzt umfahren hast, also Kardeel 4, stecke es von innen nach außen durch die Bucht des Kardeels 1, das schon um Kardeel 2 fährt, und stecke es noch unter sich selbst hindurch, sodass auch hier dasselbe Auge entsteht, wie du es bei den drei anderen Kardeelen gesteckt hast.

Es müssen jetzt alle Kardeeltampen aus der Mitte des Knotens herausfahren.

(5) Hole die Kardeele reihum vorsichtig dicht und ordne sie hierbei, damit sie so, wie sie aus dem Knoten herausfahren, im Viereck liegen. Dann erfasse mit der einen Hand den Tampen, mit der anderen Hand die vier Kardeele und ziehe den Knoten in die Länge. (Willst du den Knoten im Tampen stecken, so fahre, wenn der Knoten bis hierher fertig ist, mit jedem Kardeel über den Knoten hinweg und von oben in das *gegenüberliegende* letztgesteckte Auge und dann durch die Knotenmitte wieder nach oben; dann kappe die Kardeele dicht am Knoten.)

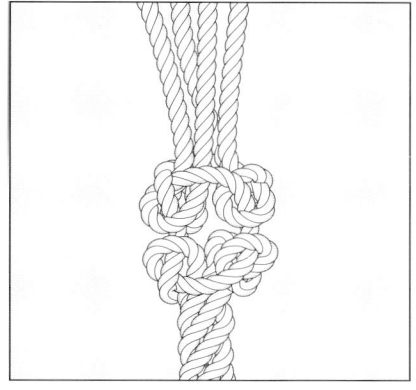

Abb. 93 (5)

80. Einfache Platting (Abb. 94)

Dies ist der klassische *dreipartige* Haarzopf. Lege abwechselnd die linke und die rechte äußere Part über die jeweils mittlere Part. Es arbeitet immer die Part, die zuunterst liegt.

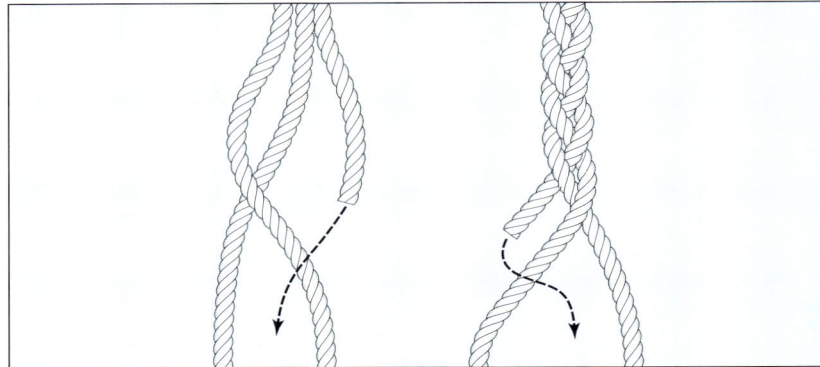

Abb. 94

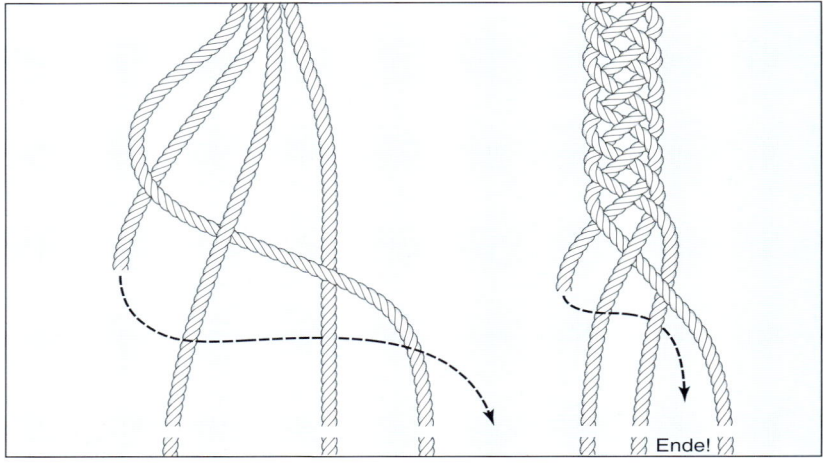

Abb. 95

81. Französische Platting (Abb. 95)

Dies ist ein *vierpartiger* Zopf. Lege die linke äußere Part über die zweite – unter
die dritte und über die vierte; hole die Parten dicht zusammen und wiederhole
dasselbe, bis die Platting die gewünschte Länge hat. Halte beim Arbeiten die
Hände dicht an dem schon geflochtenen Teil der Platting und bekneife ihn wäh-
rend des Flechtens mit den Fingerspitzen. Als Abschluss lege die linke äußere
Part noch einmal über die zweite und unter die dritte Part, aber nicht mehr über
Part 4; dann sichere die Platting, indem du Part 1 mit Part 2 und Part 3 mit
Part 4 durch je einen Überhandknoten verbindest.

82. Flachplatting (Abb. 96)

(1) Lege die Parten von dir weglaufend und setze die Mittelpart (bei vier Parten die *beiden* Mittelparten) an dem von dir weggelegenen Tampen fest
(Webeleinenstek um einen Nagel oder dergleichen).

(2) Lege mit der *linken* äußeren Part eine Bucht *über* die Mittelpart(en); fahre
mit der rechten äußeren Part *über* den Tampen der linken Part – *unter* der
Mittelpart hindurch und von *unten nach oben* durch die Bucht der linken

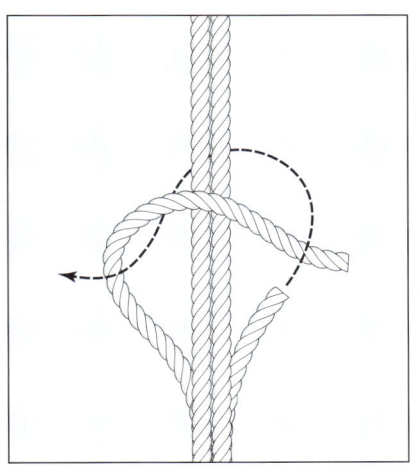

Abb. 96 (2)

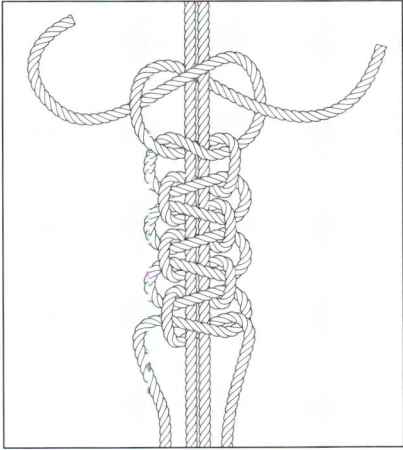

Abb. 96 (3)

Part. (Dies ist ein gewöhnlicher Überhandknoten *um* die Mittelpart, den man nach dem zweiten oder dritten Durchstecken auch automatisch als solchen ausführt.)

(3) Wiederhole dasselbe, jedoch lege diesmal die *rechte* Part *über* die Mittelpart und die *linke darunter.*
Beachte: Die Part, die erstmals *über* der Mittelpart gefahren ist, fährt *immer* über ihr!

(4) Fahre, indem du einmal die rechte und einmal die linke Part *über* die Mittelpart legst, so fort, bis die Platting die gewünschte Länge hat.

83. Schraubenplatting

Verfahre genau wie bei der *Flachplatting* (Nr. 82), jedoch lege *immer* die *linke* Part *über* die Mittelpart. Im Gegensatz zur Flachplatting fährt also stets die Part über die Mittelpart, die beim letzten Überhandknoten unter ihr gefahren ist.
Über der Mittelpart liegen dann nicht wie bei der Flachplatting ganze Buchten, sondern Querschläge, und die Platting bekommt eine Verwindung, die um so stärker ist, je dichter die einzelnen Überhandknoten geholt werden.

84. Vierkantplatting (Abb. 97)

(1) Schere zwei Tampen bis zur Mitte durch den Ring eines Karabinerhakens oder um einen kurzen Hilfstampen (der später entfernt wird) und stecke mit den so entstehenden *vier* Parten eine *Hahnenpfote* (S. 37) um den Ring.

(2) Lege den auf dich zuweisenden Tampen 1 über die Hahnenpfote hinweg neben Tampen 3 und parallel dazu.

(3) Lege den *Nachbartampen* des Tampens 1, der von der Bucht des Tampens 1 *weiter entfernt* ist, also Tampen 2, ebenfalls über die Hahnenpfote hinweg neben Tampen 4.

(4) Arbeite im gleichen Drehsinn, also im Uhrzeigersinn, weiter, und lege den Tampen 3 und dann den Tampen 4 über die Hahnenpfote. Tampen 4 fährt dann *über* Tampen 3 und wird durch die Bucht des Tampens 1 gesteckt, wodurch eine neue Hahnenpfote entsteht.

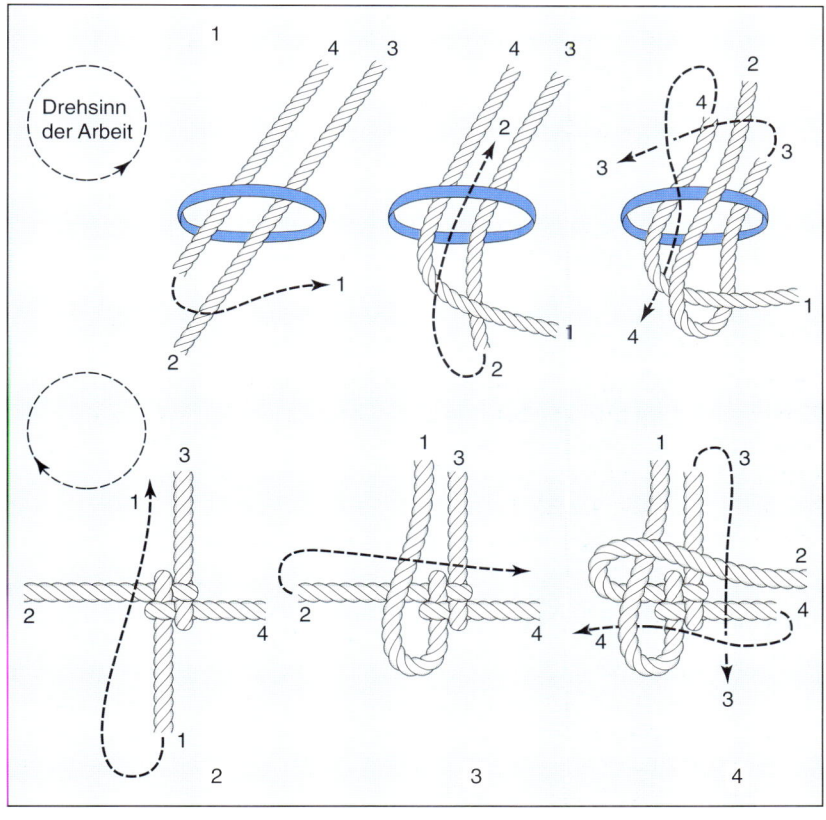

Abb. 97 (1) – (4)

(5) Wiederhole die Schritte (1) – (4), nimm aber diesmal die Reihenfolge der Tampen *im umgekehrten Drehsinn,* also entgegen dem Uhrzeigersinn (Abb. nächste Seite).

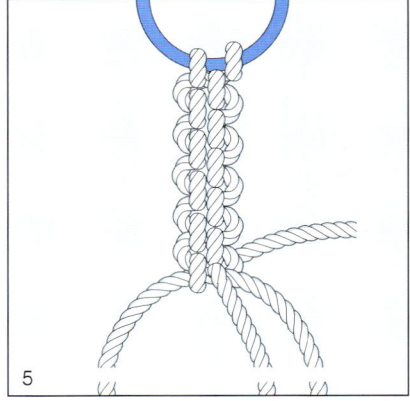

5   *Abb. 97 (5)*

(6)   Fahre so fort, indem du nach jeder fertigen Hahnenpfote den Drehsinn
      wechselst, bis die Platting die gewünschte Länge hat. Hast du einmal ver-
      gessen, in welchem Drehsinn du die letzte Hahnenpfote gelegt hast, so
      beachte, dass nach dem Legen des Tampens 1 immer derjenige Nach-
      bartampen gelegt wird, der von der Bucht des Tampens weiter entfernt ist.

85. Rundplatting (Abb. 98)

(1)   Stecke eine *Hahnenpfote* wie auf S. 37 beschrieben.

(2)   Lege den Tampen 1 *schräg* über die Hahnenpfote zwischen Tampen 2
      und Tampen 3.

(3)   Lege den Tampen 2 ebenfalls schräg über die Hahnenpfote zwischen Tam-
      pen 3 und 4.

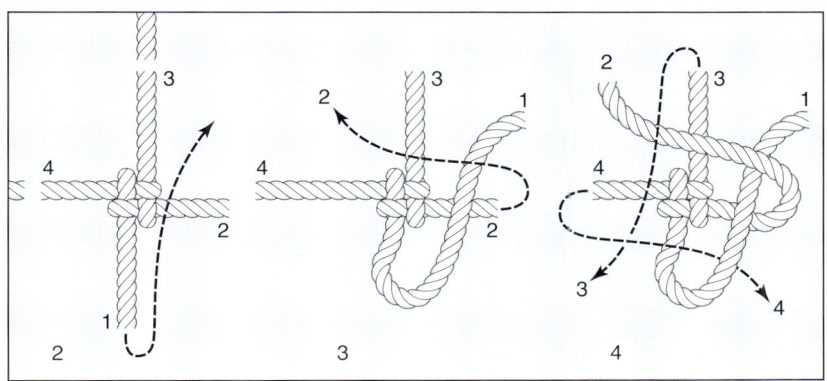

Abb. 98

(4) Lege Tampen 3 zwischen Tampen 4 und 1 und stecke Tampen 4 durch die Bucht von Tampen 1.

(5) Wiederhole dies in immer *gleichem* Drehsinn.

86. Mit Vieren rund

Der Unterschied – *gerade* zum einen und *spiralisch* zum anderen – wird nur sichtbar, wenn zwei *verschiedenfarbige* Tampen verwendet werden.

... gerade (Abb. 99)

(1) Schere zwei Tampen bis zu ihrer Mitte durch den Ring eines Karabinerhakens oder um einen Hilfstampen und lasse sie mit ihren Buchten wie zwei Haarnadeln ineinander liegen. Beachte, dass die Parten so zueinander liegen wie in Abb. 99 (1-2) dargestellt.

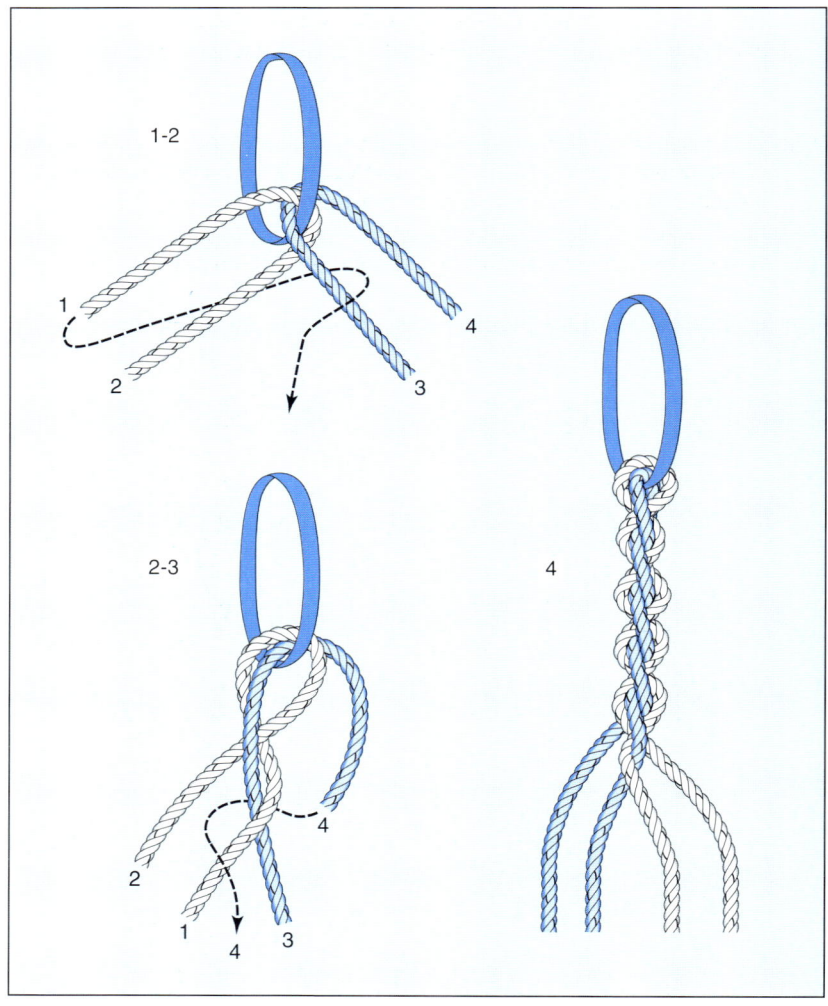

Abb. 99

(2) Fahre mit der äußersten linken Part *hinter* den Mittelparten 2 und 3 hindurch und über Part 3 zurück, sodass Part 1 zwschen 2 und 3 zu liegen kommt.

(3) Fahre mit der äußersten rechten Part 4 ebenfalls *hinter* den beiden Mittelparten (jetzt 1 und 3!) vorbei und über Part 1 zurück, sodass Part 4 zwischen die Mittelparten 1 und 3 zu liegen kommt.

(4) Fahre weiter abwechselnd mit der jeweils äußeren linken und rechten

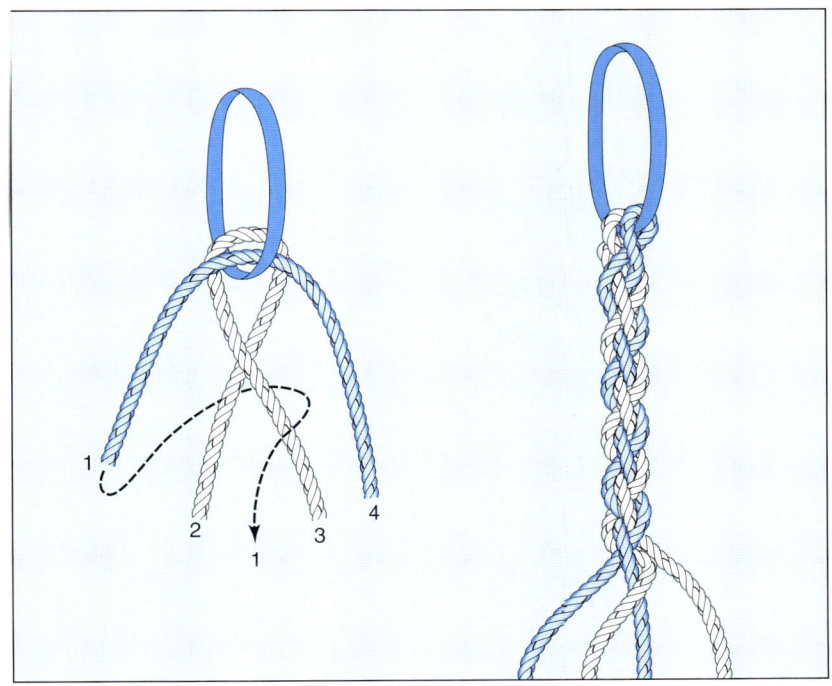

Abb. 100

143

Part *hinter* den jeweils mittleren Parten vorbei und um die zweite der Mittelparten zurück, sodass die arbeitende Part zwischen die Mittelparten zu liegen kommt, bis die Platting die gewünschte Länge hat.

... spiralisch (Abb. 100, S. 143)

(1) Schere zwei Tampen bis zu ihrer Mitte durch den Ring eines Karabinerhakens oder um einen Hilfstampen und kreuze die beiden Parten des einen Tampens, wie es Abb. 100 zeigt.

(2) Fahre fort wie zu Abb. 99 (S. 141) beschrieben.

87. Kettenplatting (Abb. 101)

(1) Lege zwei Tampen parallel nebeneinander; schieße in deren Mitte und rechtwinklig zu ihnen zwei weitere Tampen ein, wie es Abb. 101 (1) zeigt. Nimm den *unten* liegenden Tampen 1 und lege ihn über die Figur hinweg auf seine andere Part.

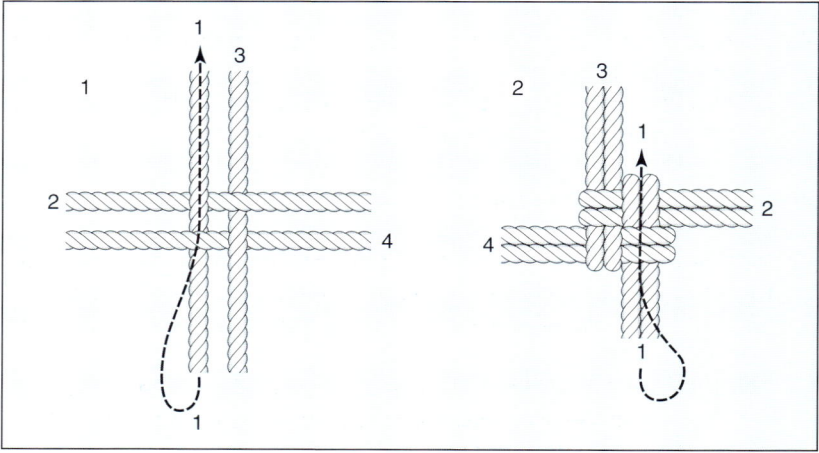

Abb. 101 (1) (2)

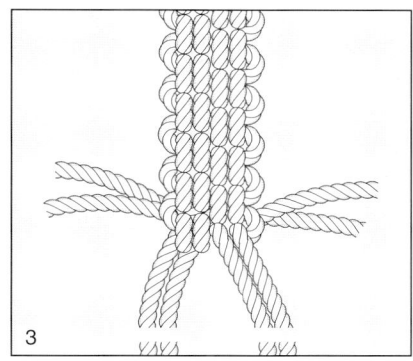

Abb. 101 (3)   *Abb. 101 (4)*

Nimm von den beiden *unten* liegenden Nachbartampen des Tampens 1 den, der *weiter* von der entstandenen Bucht des Tampens 1 entfernt ist, also Tampen 2, und tue dasselbe.

(2) Fahre so im gleichen Drehsinn fort und stecke dann den Tampen 4 durch die Bucht des Tampens 1.
Du hast nun eine Figur, die gleich der Anfangsfigur der *Vierkantplatting* (Nr. 84, S. 138) ist, nur dass alle Parten doppelt fahren.

(3) Fahre fort wie bei der *Vierkantplatting* beschrieben.

(4) Willst du die Platting im Anschluss an einen Knoten stecken, so setze einen Knoten vor, bei dem die vier Parten *oben* aus dem Knoten herausfahren, also z.B. einen doppelt gefahrenen *zweipartigen Diamantknoten* (Nr. 72, S. 127).
Stelle den Knoten senkrecht und lege seine vier Parten nach zwei entgegengesetzten Seiten paarweise aus. Dann schieße zwei fremde Tampen *beiderseits der Knotenmitte* ein, wie unter (1) beschrieben, und fahre nach der unter (1) gegebenen Beschreibung fort.

145

Stichwortverzeichnis

Knoten schlagen - ganz praktisch

Mit der praktischen Takelbox ist jederzeit alles griffbereit, um die wichtigsten Knoten zu üben. Tampen, Roring und die robuste Packungshülse dienen als Übungsmaterial, das beiliegende Poster erklärt alle wichtigen Knoten Schritt für Schritt.

1 Faltposter, Übungstauwerk und Roring,
Format 27 x 6,5 cm, in runder Verpackungshülse
ISBN 3-7688-1103-4

Dieses kleine Praxisbuch enthält mehr als 50 Knoten für jeden Zweck. Wie man sie macht, ist in farbigen Bildreihen dargestellt. Außerdem erfährt man, welche Fasern sich wofür am besten eignen, wie man Enden verschweißt und Tauwerk pflegt.

80 Seiten, 13 Farbfotos, 232 farb. Zeichn.,
Format 19,5 x 14,5 cm, gebunden
ISBN 3-7688-0976-5

Erhältlich im Buch- und Fachhandel

DELIUS KLASING

Die Enzyklopädie in Bildern

Welcher Sportler käme ohne Knoten aus? Ob Segler oder Angler, Bergsteiger oder Camper: ein paar sollte jeder beherrschen. Über 200 alte und neue Knoten vereint dieses Handbuch. 1345 Fotos zeigen sehr anschaulich, wie praktische Knoten geknüpft und kunstvolle Flechtungen gefertigt werden. Neben dem großen Nutzen ist der Bildband auch eine Fundgrube für maritimes Kunsthandwerk und mit seinen schmuckvollen Fotos eine Freude für jeden Betrachter.

Erhältlich im Buch- und Fachhandel

256 Seiten, 1345 Farbfotos, Format 30,5 x 23,5 cm, gebunden
ISBN 3-7688-1221-9

DELIUS KLASING

Die **YACHT-BÜCHEREI** ist die preiswerte Bibliothek für eingehendes Fachwissen auf vielerlei Spezialgebieten. Diese Bände sind lieferbar:

DELIUS KLASING